클라우드 전환
그 실제 이야기

클라우드 전환 그 실제 이야기

지속 가능한 클라우드

공용준 지음

i!i
에이콘

에이콘출판의 기틀을 마련하신 故 정완재 선생님 (1935-2004)

공용준 sstrato.open@gmail.com

유명 인터넷 회사의 클라우드 기술팀 리딩을 맡고 있다. 클라우드 서비스와 데이터 분석에 필요한 기술을 연구, 개발해서 실제 서비스에 적용하는 것을 기쁨으로 여기며 살고 있다. 컴퓨팅 중소기업 발전을 위해 한국정보화진흥원 중소기업 기술 자문위원, 한국데이터베이스진흥원에서 빅데이터/머신러닝 자문위원으로도 활동하고 있다. 2011년에 정통부 산하의 클라우드 정책 연구단 기술고문을 역임했다. 주요 저서로는 『카프카, 데이터 플랫폼의 최강자』(책만, 2018), 『클라우드 API를 활용한 빅데이터 분석』(에이콘, 2015), 『실전 클라우드 인프라 구축 기술』(한빛미디어, 2014)이 있다.

지은이의 말

2006년 3월 14일 전자상거래로 유명했던 아마존이 아마존 웹 서비스 플랫폼 (Amazon Web Service, 이하 AWS)을 시작하면서 클라우드 컴퓨팅이란 단어가 대중에게 알려지기 시작했다. 이때의 AWS는 3가지 종류뿐이었다. 스토리지 서비스인 S3, 큐(Queue) 서비스인 SQS, 그리고 가상머신 서비스인 EC2가 처음 시작이었다. (2020년 현재는 약 200여 가지의 제품이 만들어져 있다.) 이후 IaaS(Infra as a Service), PaaS(Platform as a Service), APaaS(Application Platform as a Service), SaaS(software as a service) 등의 단어가 클라우드와 함께 등장했다.

클라우드 컴퓨팅이라는 단어와 함께 SDN(Software Defined Network), NFV(Network Function Virtualization), SDDC(Software Defined Data Center) 등의 기술 신조어가 등장했다. 그리고 클라우드 관리측면에서 DevOps, SRE, DevSecOps 등 클라우드와 관련된 수많은 단어가 등장하기 시작했다.

이 책을 쓰게 된 이유는 내가 아주 오랜 기간 스스로에게 물었던 질문과 동료 선후배와 일하면서 수없이 했던(또는 들었던) 질문에 답하기 위해서이다. 첫 질문은 '대체 클라우드란 무엇인가?'이다. 선문답처럼 느껴질 수 있지만 나를 포함해 이 책을 읽는 대부분의 독자는 뜬구름 같은 개념을 신호처리/데이터 구조와 같은 IT 요소 기술을 사용해서 IT 제품을 만들어야 하는 엔지니어이기 때문에 굉장히 중요한 질문이다.

나는 모두가 같은 답을 해야 한다고 생각하지 않는다. 모두 각자의 상황과 목표가 다르기 때문이다. 그리고 그 답이 꼭 고도의 지혜를 담은 '정답'이어야 한다고 생각하지도 않는다. 환경은 자주 변한다. 어제의 정답이 내일은 문제를 만들기도 하는 오답이 돼 버리기도 하기 때문이다. 하지만 답이 있고 없고는 굉장한 차이이다. 그때 그때의 목적에 맞도록 클라우드를 만들고 다음 목표를 세우는데 도움을 주고자 이 책을 썼다.

두 번째 질문은 '클라우드를 만들고 유지하려면 몇 명이 필요해요?'이다. 2016년인가 어떤 텔레콤 세미나에서 내가 발표했던 내용을 요약한 '오픈스택, 2명이 운영하다 보니'라는 굉장히 자극적인 기사 덕에 아주 많은 공격을 받았다. 대부분의 회사와 개발자가 클라우드를 자체적으로 하려다가 인력(사람의 수, 그에 따른 연봉비용, 조직관리 등)쪽 이슈 때문에 결국 포기하는 사례를 아주 많이 봤다. 어떻게 시작해야 하는지 그리고 어떻게 유지해야 하는지, 이것을 어떻게 좀더 IT적으로 접근할 수 있을지에 대해서 설명하려고 했다.

세 번째 질문은 '어떻게 확산시킬 수 있었어요?'이다. 세상에 좋은 기술과 제품은 많다. (난 기술은 없고 제품만 있다고 생각하긴 한다.) 하지만 그 기술이나 제품이 자신 또는 조직의 문제를 풀어줄 수 있느냐는 다른 이슈이다. 클라우드도 마찬가지다. 결국엔 클라우드 제품에 맞춰서 조직구성원의 일하던 방식과 정책까지 다 바꿔야 하는데, 이런 지난한 과정을 거치다 보면 클라우드와 같은 신 제품은(게다가 벤더에서 제공하는 것이 아닌, 자신이 직접 만드는 경우는) 거의 대부분 사장되기 마련이다. 나도 현 직장 이전의 모든 직장에서는 클라우드 부서가 모두 없어졌다. 이 책을 읽는 여러분은 그 실패를 겪지 않기 바라며 이 책을 집필했다.

클라우드 서비스를 개발하거나 사용해야 하는 분들을 위해 이 세 가지 질문에 대한 답들이 도움이 되길 바란다.

항상 계획해주시고 돌봐주시는 하나님께 감사드린다. 10번째를 넘어 11, 12번째 책의 자료 조사, 콘셉트 검증 때문에 늘 컴퓨터 앞에 있는 나를 인정해주는 아내 혜정이와 딸 하은이에게 사랑하고 감사한다는 말을 전한다. 그리고 이 책을 만들기까지 고생해주신 권성준 대표님과 에이콘 식구들에게도 감사의 말을 전한다.

목차

1부 The Planning

1장 클라우드 컴퓨팅이란 무엇인가?   21

2장 클라우드 컴퓨팅과 ITIL   41

3부 The Hardening

들어가며

이 책은 3개의 부로 구성됐다. 1부는 클라우드를 계획하는 데 있어서, 클라우드의 정의를 만들고, 이 정의에 따라 ITIL^Information Technology Infrastructure Library을 만들고 계획하는 방법에 대해서 설명한다. 그리고 CMMI^Capability Maturity Model Integration로 진행하는 방법에 대해서 설명한다.

1부, 'The Planning'의 내용은 제품 기획을 하는 기획자, 클라우드를 기반으로 개발해야 하는 개발자, 기업의 IT를 관장하는 CTO/CIO가 보면 도움이 될 것이다.

1장 – 클라우드 컴퓨팅이란 무엇인가?

클라우드의 실제적인 정의와 특성에 대해서 다시 한 번 설명한다. 클라우드 경험이 진화함에 따라서 정의를 변경하고 이에 따르는 실제적인 예를 코드 기반으로 간단하게 설명한다.

2장 – 클라우드 컴퓨팅과 ITIL

ITIL에 대해서 설명하고 ITIL에 클라우드 제품이 어떻게 연결되는지 간단한 코드를 기반으로 설명한다.

3장 – 클라우드 계획하기

CMMI에 대해서 설명하고, 클라우드를 개발·도입·적용하는 데 있어서 각 단계별로 어떤 형태로 전략을 세워야 하는지, 결과물은 어떻게 나타내야 하는지에 대해서 설명한다.

2부, 'The Execution'은 1부에서 설명한 개념을 어떻게 IT 제품에 적용해서 개발조직을 바꿨는지에 대해서 설명한다. 여기서 나오는 내용은 개발 리더, 일반 개발자,

DevOps 개발자, 애자일^{Agile} 개발에 관심이 많은 분에게 도움이 될 것이다.

4장 – 클라우드 서비스 개발환경 만들기

클라우드 서비스를 만들기 위한 프레임워크에 대해서 설명한다. 자동화 제품을 적용하는 데 있어서 필요한 내용을 실제 코드를 바탕으로 설명한다.

5장 – 클라우드 서비스 구성 자동화하기

설정 자동화 툴에 대해서 자세히 설명한다. 이 툴을 통해서 샌드박스(실 서비스를 반영하지만 규모는 아주 작은 환경)를 자동으로 만드는 방법을 설명한다.

6장 – 클라우드 서비스 테스트 자동화하기

테스트의 종류와 샌드박스용 자동화 코드를 테스트하는 방법에 대해서 설명한다. 테스트/샌드박스를 통한 개발이 개발 문화에 미치는 영향에 대해서 설명한다.

3부, 'The Hardening'은 1~2부에서 설명한 클라우드의 개념에 따라 어떤 목적으로 제품을 만들었고, 그 제품이 만든 조직적 변화를 CMMI에 맞춰서 설명한다. 신기술을 조직에 적용하고 싶은 조직 리더, 제품 기획자에게 도움이 될 부분이다.

7장 – Iaas의 목적과 효과

IaaS 제품에 들어갔던 주요 기술과 목적을 설명한다. 이 제품이 가져온 CMMI 1단계의 변화에 대해서 설명한다.

8장 – 텔레메트리 클라우드의 목적과 효과

모니터링 클라우드 제품의 주요 콘셉트와 이 콘셉트를 구현하기 위해 적용된 기술에 대해 설명한다. 이 제품이 적용되면서 CMMI 2단계에 해당하는 부분에 대해서 설명한다.

9장 – 컨테니어 클라우드의 목적과 효과

컨테이너 클라우드 제품이 개발된 주요 목적과 여기에 사용된 기술에 대해서 설명한다. 이 제품이 적용되면서 만든 CMMI 3단계의 조직적인 변화에 대해서 설명한다.

정오표

정오표는 에이콘출판사의 도서정보 페이지 http://www.acornpub.co.kr/book/
cloud-transform에서 확인할 수 있다.

질문

이 책과 관련해 질문이 있다면 이 책의 지은이나 에이콘출판사 편집 팀(editor@
acornpub.co.kr)으로 문의해주길 바란다.

1부

The Planning

클라우드의 정의를 다시 한 번 검토한다. 그동안의 버즈워드식의 정의와 개념 외에 실제적으로 만들고 적용해 볼 수 있는 클라우드에 대한 개념을 정의한다. 그리고 정의된 개념을 IT에 적용할 수 있는 ITIL과 CMMI기법을 통해 지속적이고 반복적인 형태로 클라우드를 확장하는 방법을 설명한다.

⟨01⟩

클라우드 컴퓨팅이란 무엇인가?

2009년 네트워크 기술의 발달과 x86 시스템의 초과 생산이 클라우드 컴퓨팅에 대한 기대감을 최고조로 끌어 올렸다. IT 업계 종사자뿐만 아니라 인문학자까지도 클라우드 컴퓨팅이란 단어를 모든 문제 해결의 키워드처럼 이야기했었다. 클라우드 컴퓨팅은 마치 2018년 정도의 블록체인, 인공지능, 4차 산업 혁명과 같은 단어 정도로 통용됐다. 하지만 그 영광은 얼마 가지 못하고, 클라우드에 대한 명확한 정의 없이 오해만을 남긴 채 사라졌다. 2018년도가 지나가며 AI에 대한 기대감이 빠지면서, 모든 것의 서비스화^{Everything as a Service}로 방향이 전환되면서 서비스를 만들고 운영하기에 가장 적합한 클라우드가 실생활 깊숙히 활용되는 시대가 갑자기 돼 버렸다.

꼭 퍼블릭 클라우드 업체가 아니더라도 API로 동작되는 컴퓨팅 리소스를 내부적으로 확보하고 활용하는 움직임이 그 어느 때보다 활발하다. 예전에는 IT 업계에 국한된 이야기였다면, 이제는 금융 · 제조 · 정부 등 산업의 모든 분야에서 클라우드 컴퓨팅을 활용하려고 한다. 하지만 여전히 클라우드 컴퓨팅이 무엇인지 물어봤을 때 명확한 대답을 얻기는 힘들다.

'지피지기^{知彼知己}면 백전불태^{百戰不殆}'라고 했다. 1장에서는 클라우드의 실제적인 정의를 통해 클라우드가 어떤 것이고 어떤 특징이 있는지 명확하게 정의하겠다.

1.1 클라우드의 태동

클라우드 컴퓨팅 개념을 처음 이야기한 것은 존 매카시John McCarthy라는 MIT 교수라고
알려져 있다. 실제로 존 매카시 교수는 AIArtificial Intelligence 즉 인공지능이라는 단어를
처음 사용한 것으로 유명한 인공지능 분야의 대가다. MIT와 스탠포드 대학에서 최초
로 인공지능 연구소를 설립하고, 인공지능의 기본 언어인 LISP를 만들고(1950년) 공
개해서 인공지능의 아버지라고도 불린다. 그는 AI뿐만 아니라 컴퓨팅 리소스 관리에
도 관심이 많았다. 이런 그가 1961년, MIT 100주년 기념행사 연설 중 지금 들었다
면 섬뜩할 정도로 굉장히 의미깊은 이야기를 한다.

> 컴퓨터의 시분할 기술이 발전하면, 미래에는 컴퓨팅 파워나 특정 애플리케이션을
> 전기나 수도처럼 필요할 때 즉시 사용하고 사용한 만큼만 비용을 내는 형태로 팔
> 게 될 것이다(computer time-sharing technology might result in a future in
> which computer or even specific applications could be sold through the utility
> business model(like water or electricity).

시분할처리가 현대에는 아주 일반적인 개념이지만 1950년대말 1960년대 초반만 해
도 인공지능과 같은 계산작업은 대부분 배치Batch 처리였다. 들어온 순서대로 작업을
처리하고, 한 작업이 실행되는 동안 다른 작업이 들어오더라도 바로 처리하지 않고
기다린다는 것이 컴퓨팅계에서의 상식이었다. 하지만 시분할처리 즉 동시에 여러 작
업을 실행하는 형태의 콘셉트가 나온 지 얼마되지 않았는데도, 매카시는 이 개념의
아주 초반부터 아주 먼 미래의 네트워킹 서버 프로그램, ASP(Applied Service Provider,
API/웹 등으로 서비스나 소프트웨어를 직접 제공하는 비즈니스 모델, 현대의 SaaS 개념과 아주 유
사하다), 유틸리티 컴퓨팅 그리고 최근의 클라우드 컴퓨팅의 개념을 이야기했다.

이후 수십 년의 기간에 걸쳐서 인터넷이 등장하고 네트워크 프로그래밍이 발전하고 웹/HTML 서비스 등이 활성화되면서 50년 전에 메카시가 이야기한 개념이 하나 둘씩 제품 또는 기술로 등장했다. 요즘 세대가 기억하는 '클라우드 컴퓨팅'이라는 단어는 2006년 아마존이 'Elastic Compute Cloud'라는 단어를 사용하면서 다시 주목받기 시작했다. 원하는 만큼의 컴퓨팅 리소스를 API나 UI를 통해서 온디맨드^{on-demand}로 생성하고, 필요가 사라지면 컴퓨팅 리소스를 삭제할 수 있는 실제 서비스가 이때 등장한 것이다.

아마존은 전 세계에 깔아둔 전자 상거래 시스템의 가동률이 형편없이 낮은 것을 보고(연 평균 5% 이하) 가동률은 높이면서 상거래 시스템에 더 많은 회사나 개인이 참여할 수 있도록, 아마존 결제 시스템을 사용하면 덤으로 가상머신을 주는 형태로 비즈니스를 시작했다. 클라우드 비즈니스 모델은 1장의 다른 절에서 설명하도록 하겠다.

아마존이 이런 서비스를 공개할 무렵 구글과 IBM은 워싱턴 대학교, 카네기 멜론 대학교, MIT, 메릴랜드, 버클리 캘리포니아 주립대학교와 분산 컴퓨팅 관련 산학협동 프로젝트를 시작했다. 목표는 테라바이트(이 시절 하드디스크가 평균 수 기가 정도였다) 규모의 데이터 처리에서 발생할 수 있는 문제를 해결할 수 있는 환경을 제공하는 것이었다. 이 프로젝트에서 구글은 자사의 분산 병렬처리 인프라를, IBM은 관리 소프

트웨어를 제공했다.[1]

마이크로소프트는 아마존보다는 3년 정도 늦은 2009년 애저[Azure]라는 클라우드 서비스를 베타버전으로 시작했다. 애저는 마이크로소프트가 가지고 있는 닷넷[.Net] 프레임워크에 최적화된 클라우드 제공을 목표로 시작했다. 즉 자신들이 가진 자산을 최대한 활용하는 전략으로 방향을 잡았다. 아마존, 구글, IBM, 마이크로소프트와 같은 회사들이 클라우드 컴퓨팅이란 새로운 패러다임에 자본과 기술 인력을 투자하면서 점차 일반적인 기술회사도 클라우드 컴퓨팅에 관심을 가지게 됐다.

1.2 클라우드 컴퓨팅이란 무엇일까?

어떤 단어를 정의한다는 것은 참 어려울 때가 많다. 잘못 정의할 경우 오히려 더 큰 혼란을 일으킬 수 있기 때문이다. 또한 대부분 기술 분야에서의 용어는 내부 또는 외부의 마케팅 조직에 의해 그 의미가 변질되기 때문이다. 나도 이 분야에서 10여 년 이상(이 책을 쓸 시점엔 17년 정도 된 것 같다) 있으면서 참 많은 용어를 접해왔다. 어린 시절에 누군가가 그럴싸한 이야기하면 그 뜻이 뭔지 계속 물어봤다. 혹시라도 내가 알고 있는 용어와 의미가 비슷하면 또 '그 새로운 용어가 기존에 이런 용어와 개념이 어떻게 다른가요?'라고 말이다.

한 문장으로 정의하기 어려울 때, 각 기술의 특징을 이야기하면 좀 편한 경우가 있다. 그렇다면 클라우드 컴퓨팅의 특징을 살펴보자.

- **탄력성**: 리소스를 필요한 만큼 동적으로 확장하거나 줄일 수 있는 특징을 말한다. 클라우드 컴퓨팅이 나온 초기에 가장 많이 설명한 개념이다. 그리고

---

1 이 프로그램의 이름은 'Google Academic cloud computing initiative'였고, 목표는 구글이 가지고 있는 컴퓨팅 프레임워크인 맵리듀스(map/reduce)를 널리 알리는 것이었다. 구글의 맵리듀스 프레임워크는 구글 파일시스템(Google File System)과 아주 밀접하게 연결돼 있는데 이 시기엔 아마존의 S3 스토리지 서비스처럼 외부에 공개할 수준은 아니었기 때문에 각 학교의 연구원에게 자신의 컴퓨팅 리소스를 프라이빗하게 제공하는 형태로 클라우드를 시작했다. 이후 구글의 맵리듀스 프레임워크는 2008년 'Cluster Computing for Web-Scale Data Processing'이란 이름의 논문으로 발표되고 이것이 이후 하둡(Hadoop) 기반의 빅데이터처리 기술의 시작이 된다. 아울러 학교에 이 프로그램을 제안하고 실행했던 크리스토퍼 비시글리아(Christophe Bisciglia)는 이 논문을 발표하고 같은 해에 클라우데라(Cloudera)라는 빅데이터 회사를 만들었다.

주요한 기능으로 오토스케일^{autoscale}이 있다.

- **사용량 측정가능**: 사용자별로 컴퓨팅 리소스를 얼마나 사용하는지 특정할 수 있어야 한다. 그래야 이후에 과금 정보를 쉽게 만들 수 있고, (오직)이 가격을 통해 사용자의 사용량을 제어할 수 있다.
- **온디맨스 셀프서비스**: 관리자가 허용한 범위 내에서 자유롭게 컴퓨팅 리소스를 만들고 사용할 수 있다.
- **유비쿼터스 네트워크**: 언제 어디서든 네트워크를 통해 컴퓨팅 리소스와 컴퓨팅 리소스를 만드는 서비스에 접근할 수 있어야 한다.
- **멀티 테넌시**^{multi tenancy}: 물리적으로는 한 개의 컴퓨팅 리소스라 할지라도 가상화 기술과 격리^{isolation} 기술을 사용해서 여러 개의 독립된 컴퓨팅 리소스를 할당할 수 있어야 한다.

이것이 클라우드 컴퓨팅 초기에 많은 자료에서 설명하던 특징이다. 클라우드 컴퓨팅 자체가 대중화된 지금은 과연 이것을 유용한 특징이라고 설명할 수 있을까? 가장 대중화된 개념인 탄력성을 생각해보자. 일반 사람들이 생각하는 클라우드 컴퓨팅의 탄력성은 그림 1-1과 같다.

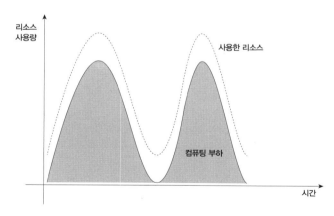

그림 1-1 이상적인 탄력성을 가진 클라우드를 사용했을 때 부하에 따른 리소스 사용량

그림 1-1은 사용량이 연속적으로 증가함에 따라서 컴퓨팅 사용량도 연속적으로 증가하는 아름다운 그림이다. 하지만 실제로 탄력성을 가지도록 설정하면 그림 1-2와 같이 컴퓨팅 부하는 선형적으로 증가하지만, 리소스는 계단식으로 시간 차이를 두고 증가 감소를 한다. 그림 1-2에서 보면 첫 번째 볼록 구간에선 리소스가 부하에 비해서 부족한 구간이 있다. 그러다 급기야는 컴퓨팅 부하보다 필요한 리소스가 역전되는 구간이 나타난다. 이런 현상이 발생하는 이유는 간단하다.

대부분의 클라우드에서 탄력성을 설정할 때 특정 시간 간격(예: 1분)에 따른 특정 변화량(예: 인스턴스 2개 생성)을 지정하는데, 컴퓨팅 부하가 그림 1-2와 같이 급격하게 변화하면 설정해둔 변화량이 잘 동작하지 않게 된다. 그리고 이런 급격한 변화가 발생하면 변화가 생기는 컴퓨팅 리소스(예: was, web 서버)가 접근하는 다른 컴퓨팅 리소스(예: DB, LB, cache등)도 같이 변화가 발생해야 한다. 문제는 네트워크는 대역폭이 지정돼 있고, cache는 메모리양이 정해져 있고, DB는 TPS$^{Transaction Per Second}$가 정해져 있어 확장시키기 아주 어려운 리소스란 것이다. 그래서 결국 충분히 확장하지 못해서 장애가 발생한다.

클라우드 컴퓨팅이 보급되기 시작한 초기에는 오토스케일$^{auto-scaling}$이 스타트업같은 규모가 작고 막 시작된 서비스에서 필요한 것처럼 이야기했다. 하지만 오히려 트래픽과 부하를 예측할 수 있고 거기에 필요한 컴퓨팅 리소스의 규모나 변화 패턴이 정확히 정해진 레거시 또는 on-premise에 훨씬 적합한 기능으로 자리잡고 있다. 왜냐하면 이렇게 패턴이 정해진 부하 상황에서는 오토스케일 기능으로 적절히 비용도 절약할 수 있기 때문이다.

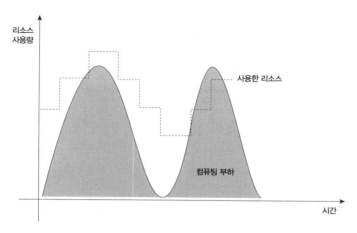

그림 1-2 탄력성과 컴퓨팅 부하의 실제 동작 모습

클라우드 컴퓨팅의 특징을 정말로 한 가지만 꼽으라고 하면, 클라우드 컴퓨팅에서 사용하는 모든 리소스 또는 기능은 비용이 든다는 것이다. 즉 공짜가 없다는 것이다. 가입해서 리소스를 실행하거나 아주 조그만 파일이라도 클라우드에 저장하면 그때부터 과금이 된다. 그래서 아주 작은 단위로 (개별 인스턴스, 개별 파일) 관리가 가능해야만 필요 이상의 비용이 지출되지 않는다. 두 번째 특징을 꼽자면 '절대로 싸지 않다'는 것이다. 깊게 생각해보지 않아도 가져다 쓰는 것이 저렴할 이유가 별로 없다. 조그만 서비스 하나만 올려도 한 달에 몇 백 만 원은 금방인게 퍼블릭 클라우드의 실정이다.

흔히 퍼블릭 클라우드에 들어가는 비용이 프라이빗 클라우드와 비교했을 때 저렴하다고 하는데, 프라이빗 클라우드도 잘 설계하고 잘 만들면 퍼브릭 클라우드보다 더 저렴해질 수 있다. 하지만 보통 잘 설계하지 않아도 프라이빗 클라우드가 무조건 더 저렴하다. 아마 이 책을 끝까지 읽으면 세상의 모든 기술을 사용해서 효율성 있는 클라우드를 만드는(또는 사용하는) 법을 알게 될 것이다.

1.2.1 IaaS, PaaS, SaaS

사람들은 아직도 클라우드를 IaaS, PaaS, SaaS로 구분할 수 있다고 생각한다. 먼저 마이크로소프트^{Microsoft}사에서 만든 이 용어의 정의를 살펴보자.

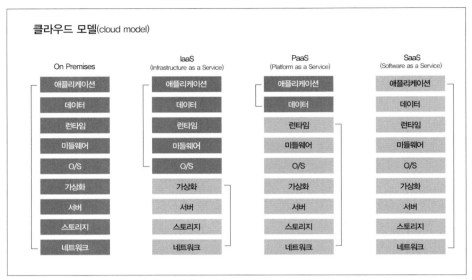

그림 1-3 IaaS, PaaS, SaaS의 개념도(출처: 마이크로소프트)

그림 1-3에서 보면 IaaS는 네트워킹/스토리지/서버/가상화까지 마이크로소프트가 지원해주고, 그 위에 OS/미들웨어/런타임 등은 사용자^{you}가 관리하는 것으로 돼 있다. 그리고 PaaS는 런타임^{runtime}까지 마이크로소프트가 제공해주고 데이터와 애플리케이션은 사용자가 관리하는 것으로 돼 있다. 그리고 SaaS는 애플리케이션까지 전부 클라우드 공급자(그림 1-3에선 마이크로소프트)가 관리하는 것처럼 보인다. 지금 내 어투를 보면 알겠지만, 사실 이건 전혀 맞지도 않고 가능하지도 않은 개념도 있지만 그럴 듯하게 보인다. 이런 자료는 초기에 방향을 잡을 때는 아주 좋다. 하지만 조금만 더 들여다 보면 구분하기가 아주 어렵다. 예를 들어 가상데스크톱 서비스는 어느 카테고리에 들어갈까? 그냥 SaaS라고 간주할 수 있을까? 그렇다면 이건 어떤 종류의 사람 또는 조직이 담당해야 할까? 만약 데이터베이스를 클라우드로 제공한다면 이건 IaaS일까? PaaS일까? 아니면 SaaS일까? 예전엔 이런 기준도 있었다. telnet/ssh로 접근할 수 있으면 IaaS, cli를 별도로 제공하면 PaaS, UI를 제공하면 SaaS라고 말이다.

내가 클라우드 컴퓨팅 업계에 있으면서 겪었던 가장 큰, 가장 어려운 질문이 '이건

IaaS, PaaS, SaaS 중에 어디에 속할까요?'이다. 내 기준에서 굳이 나눠 본다면 다음과 같다.

- **IaaS**: 사용자의 목적에 따라 자신의 컴퓨팅 서비스에 필요한 기본적인 리소스를 만들 수 있다. 제공자는 이 리소스가 어디에 사용될지는 알 수 없다.
- **PaaS**: 사용자가 자신의 프레임워크를 확장시키기 위해서 사용하는 서비스다. 제공자는 이 프레임워크의 요구사항을 만족시키는 정도만 제공하면 된다. 거꾸로 전용 프레임워크가 없으면 PaaS가 아니다. 흔히 요즘에 컨테이너로 제공하면 PaaS가 아닌가?라는 이야기를 하지만 컨테이너와 컨테이너 스케줄링을 해주는 컨테이너 오케이스트레이터^{Orchestrator}(Docker swarm, Kubernetes, DC/OS 등)는 인프라 자동화에 더 가까운 툴이다.
- **SaaS**: 사용자는 데이터만 제공(입력한다)하며 제공자는 이 데이터를 가공해서 자신들이 원하는 형태로만 제공한다.

하지만 지금에서 이야기할 수 있는 건 '더이상 이런 구분은 중요치 않다'다. API로 '어떤 것을^{something} 제공하느냐$^{as\ a\ service}$?'가 더 중요하다. 만드는 사람이 어느 카테고리에 속하는지는 큰 관심을 두지 않는다. 클라우드를 만드는 사람에게 '당신이 만드는 서비스는 IaaS/PaaS/SaaS 중에 어디에 속해요?'라고 물어보면 명확해질 것이다. 아마 대부분은 '우린 다 합니다'라고 답할 것이다.

흔히 클라우드를 정의할 때 '서비스로 제공되는 어떤 것, Something as a Service'이라고 한다. 클라우드의 핵심은 '서비스'로 제공돼야 한다는 것이다. 그렇다면 서비스란 무엇일까?

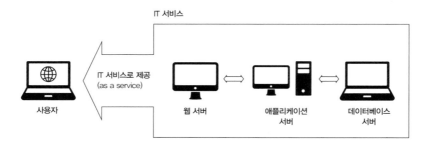

IT 서비스

IT 서비스로 제공
(as a service)

사용자   웹 서버   애플리케이션   데이터베이스
                                 서버   서버

그림 1–4 as a service의 개념도

그림 1-4와 같이 클라우드에서 의미하는 '서비스'는 'IT 서비스'의 줄임말이고, IT 서비스는 사용자가 필요한 어떤 기능을 직접 할 수 있게 하기 위해서 IT 기술(소프트웨어기술, 하드웨어 기술)을 섞어서 제공하는 것이다. 즉 소프트웨어 개발에서 흔히 사용하는 웹 서버, 앱 서버, DB 서버를 사용해서 사용자가 인프라를 만들 수 있게 해주면 IaaS, 플랫폼을 만들 수 있게 해주면 PaaS, 소프트웨어를 만들 수 있게 해주면 SaaS인 것이다. 한 가지 기본적인 것은 이 모든 서비스는 SLA^Service Level Agreement로 제공된다는 것이다. 제공자는 이 범위를 만족시키는 제품/서비스를 제공하며, 사용자는 SLA를 충분히 인지한 상태에서 사용해야만 장애률을 낮출 수 있다.

1.3 클라우드의 실제적인 정의

대부분의 기술 용어를(마케팅에서 넘어온 용어가 그러하듯이) 기술적으로 간단하게 정의하기란 여간 어려운 일이 아니다. 기술적으로 명확히 정의하지 않으면 더 많은 리소스와 더 많은 비용과 더 많은 혼돈이 일어난다. 1.2절에서도 언급했지만 특히 클라우드와 같이 정말 '뜬 구름' 같은 개념을 몇 가지의 문장으로 정의하기는 너무 어렵다. 하지만 제한된 인원으로 빨리 만들려면 반드시 개념을 정의해야 한다.

어떤 개념에 대한 정의는 시간에 따라, 발전에 따라 변화하기 마련이다. 그리고 어떤 순간에는 과거에 정의가 더 이상 맞지 않는 경우도 발생한다. 이럴 땐 주저하지 말고 다시 콘셉트를 재정의하고 다시 설득하고 이야기를 해야 한다. 1장에선 조직 내에 있던 클라우드 컴퓨팅의 개념 변화를 설명하겠다.

1.3.1 프로그램 가능한 리소스 관리(Programmable Resource Management)

아주 초기에 클라우드가 과연 무엇인가?에 대해 거의 한 달 동안 논의한 끝에 다다른 결론이다. 이 개념을 좀 더 자세하게 설명해보겠다.

Programmable:

프로그램으로 조절이 가능해야 한다는 뜻이다. 즉 이전에는 사람이 어떤 요청을 받아서 처리했는데, 클라우드에서는 프로그램으로 가능하다는 것이다. 클라우드에서 프로그램으로 조절이 가능하도록 하려면 사용자는 프로그램 언어로써 클라우드에 리소스 생성을 지시하게 되고, 이 요청을 프로그램을 통해서 받은 클라우드 공급자는 사용자로부터 받은 요청을 검토한 다음 자동으로 처리한다. 이렇게 하기 위해서는 클라우드 공급자는 API^{Application Programming Interface}를 만들고, 스펙^{specification}을 정의한 다음 사용자가 편리하게 사용할 수 있도록 SDK^{Software Development Kit} 또는 클라이언트 라이브러리^{client library}라고 불리는 사용자 전용 소프트웨어를 제공해야 한다.

다음 코드는 오픈스택이라는 오픈소스 기반 클라우드용 소프트웨어를 통해서 사용자가 필요한 인스턴스를 생성하는 코드 조각이다.

파일 1-1 오픈스택을 이용한 인스턴스 생성을 위한 코드 예제

```
1:      #!/usr/bin/env python
2:      import time
3:      from novaclient.client import Client    → ②
4:
5:      credentials = {}    → ③
6:      credentials['version'] = '2'
7:      credentials['username'] = os.environ['OS_USERNAME']
8:      credentials['api_key'] = os.environ['OS_PASSWORD']
9:      credentials['auth_url'] = os.environ['OS_AUTH_URL']
```

```
10:          credentials['project_id'] = os.environ['OS_TENANT_NAME']
11:
12:          nova_client = Client(**credentials)      → ④
13:
14:          image = nova_client.images.find(name="cirros")    → ⑤
15:          flavor = nova_client.flavors.find(name="m1.tiny")    → ⑥
16:          net = nova_client.networks.find(label="private")    → ⑦
17:          nics = [{'net-id': net.id}]
18:          instance = nova_client.servers.create(name="vm2", image=image,
19:                               flavor=flavor, key_name="keypair-1", nics=nics)
```

1: 오픈스택 클라우드 클라이언트 중에 파이썬을 사용하기 때문에 해당 코드에 파이썬 경로를 입력한다. 클라우드 소프트웨어도 다른 소프트웨어와 동일하게 다양한 프로그래밍 언어를 사용할 수 있도록 파이썬뿐만 아니라 자바(Java), 고(Go) 언어용 클라이언트 소프트웨어를 제공한다. 사용자는 자신이 사용하기 편한 언어를 선택해서 인스턴스 생성/삭제/조회에 사용할 수 있다. 반대로 클라우드 솔루션 업체는 다양한 클라이언트용 SDK를 제공해야 하는데, 이런 것도 모두 개발 비용에 포함된다. 왜냐하면 언어의 종류/버전에 따라서 꾸준히 업데이트하고 버그도 고치고 새로운 기능을 추가해야 하기 때문이다.

3: novaclient.client 패키지의 Client 클래스를 임포트한다. 이 Client 클래스가 실제적으로 사용되는 사용자용 클래스다. 대개의 경우 클라우드 사용자용 SDK는 여러 사람들이 함께 사용하도록 만들어졌기 때문에, 자신의 리소스를 관리하려면 인증 Authentication 정보를 같이 넣어서 사용하도록 개발한다.

5~11: ②에서 이야기한 사용자 SDK용 인증 정보를 넣을 파이썬 딕셔너리(파이썬의 키/값 쌍 자료 구조, 자바의 맵map과 유사하다)를 정의한다. 그리고 사용자 인증에 필요한 이름, 비밀번호, API 서버의 URL, 프로젝트 이름을 입력한다. 클라이언트 인증 방식은 각 클라우드 소프트웨어별로 다르다. 오픈스택에서는 간단하게 사용자 이름/비밀번호를 사용하지만, 다른 클라우드는 OAuth 2나 X.508(인증서 방식)도 지원한다. 만약 클라우드를 제공하는 입장이라면 널리 사용되는 방식을 선택하면 된다. 하지만

절대로 인증 없이 클라우드 API를 공개해서는 안 된다.

12: 입력 받은 인증 정보와 함께 프로그램 클라이언트 객체를 생성한다. 이때 사용자용 클라이언트 SDK는 API 서버에 2번에서 입력 받은 사용자 정보를 전달하고, API 서버는 이 정보를 기반으로 인증용 토큰을 발급해준다(그리고 발급된 토큰은 일정기간 저장한다). 이후부터는 토큰을 API 서버로 보내서 사용자 이름/비밀번호가 노출되는 것을 방지한다. 사용자용 SDK는 이 토큰을 사용하다가 일정 시간이 지나서 토큰이 무효화되면 예외상황exception을 생성한다.

14: 인스턴스가 사용할 이미지 이름을 검색한 다음 이미지의 ID를 저장한다.

15: 인스턴스가 사용할 리소스 단위인 템플릿을 검색한다. 템플릿은 CPU 개수, 메모리 용량, 디스크 사이즈가 기본적으로 정의돼 있다. 리소스는 클라우드를 사용하는 기본 단위다. 특정 클라우드 리소스는 CPU/메모리 대신 가동시간도 리소스로 지정한다.

16: 오픈스택 클라우드는 가상머신이 사용할 네트워크를 지정해줘야 한다. 오픈스택은 공유 네트워크shared network(클라우드의 모든 사용자가 사용할 수 있다), 프라이빗 네트워크private network(관리자가 특정 프로젝트에서는 사용할 수 있도록 할당해주는 네트워크다), 프로젝트 네트워크project network(테넌트 네트워크tenant network라고도 불리며 해당 프로젝트 내에서만 사용할 수 있다)를 지원하는 데 이 예제에서는 'private'이란 이름을 가진 네트워크를 검색해서 네트워크 ID를 저장한다.

18: ④에서 생성한 클라이언트 객체와 ⑤~⑦번에서 검색한 정보를 사용해서 인스턴스를 생성한다. 오픈스택은 인스턴스 생성을 위해 인스턴스 이름, 네트워크 ID, 이미지 ID, 템플릿 ID, 키쌍key-pair(프로젝트에서 저장하고 있는 ssh용 키 정보)을 필요로 하는 것을 알 수 있다. 이 정보를 API 서버에 전달하고, 문제가 없으면 결과 정보를 instance라는 객체로 되돌려줘서, 사용자가 필요한 정보(할당된 IP, DNS 등)를 확인할 수 있고, 인스턴스가 생성된 이후에는 이런 정보로 접근할 수 있다.

간단하지만 프로그램으로 인스턴스를 조절하는 예제를 설명했다. 코드 예제를 보면서 느꼈겠지만, 이전에는 필요한 컴퓨팅 리소스를 '결제 서류'로 요청해서 받았는데 클라이언트용 SDK를 사용하는 순간 더이상 결제 요청은 없다. API로 리소스를 제공하는 입장에서 보자면, 클라우드 제공자는 코드로 전달받은 요청은 역시 코드로 전달해줄 수밖에 없다. 그리고 이 요청에 대한 응답은 딱 2가지다. 리소스 생성 성공 또는 실패, 성공의 경우는 사용자용 프로그램에 OK, 실패한 경우에는 NOK^{Not OK}를 전달한다.

Resource:

리소스는 데이터 처리(계산, 전송, 저장)에 필요한 리소스를 의미한다. 클라우드 컴퓨팅에서 리소스는 대개 가상머신, 컨테이너(상상력이 풍부하다면 애플리케이션도 리소스라고 생각할 수 있다)라고 간주할 수 있다. 내가 고민했던 부분은 '클라우드 컴퓨팅에서 제공하는 리소스는 어떠해야 할까?'였다. 무슨 이야기냐면 일반적인 컴퓨팅 리소스와 흔히 이야기하는 클라우드 형태의 리소스는 어떻게 다른 걸까?였다. 앞서 이야기한 programmable이라는 부분과 연결시켜 보면 SDK로만 생성/삭제할 수 있으면 클라우드 컴퓨팅인가?(난 이것도 클라우드 컴퓨팅이라고 생각한다)에서 좀 더 연결되는 고민이었다. 고민을 한 이유는 클라우드 제공자 입장에서 많은 사용자가 리소스를 생성할 때 생길 수 있는 이슈들이 걱정됐기 때문이다. 그래서 나온 결론으로 다른 컴퓨팅 리소스와는 차별적인 2가지 특징을 정의했다.

- **독립적일 것**^{atomic}: 클라우드 컴퓨팅을 뒷받침해주는 기본 기술은 용량이 큰 컴퓨팅 리소스는 각 사용자/프로젝트별로 나눠서 쓰는 방식이다. 그리고 언제든 사용(또는 확장) 가능한 특징 때문에 특정 사용자의 리소스가 다른 사용자의 컴퓨팅 리소스에 영향을 줘서는 안된다. 대개 이런 특징을 멀티 테넌트^{multi tenant} 또는 멀티 프로젝트^{multi project}적인 특징이라고 이야기한다. 나 같은 경우는 테넌트 내에서 생성하는 리소스 역시 이런 특징을 가져야만 한다고 생각해서, 가상머신/볼륨/컨테이너 같은 인프라용 요소 외에 메트릭^{metric} 로그 등과 같은 데이터 요소도 포함시켜야 했기 때문에 이런 단어를 사용했다. 독립적이라는 의미는 그 요소가 정말 독립적으로 SDK를 통해서 조작 가능

해야 한다는 것이다.

예를 들어보자. 컴퓨팅에 필요한 CPU가 이런 기준으로 볼 때 과연 리소스일까? 정답은 리소스이기도 하고 아니기도 하다. 가상머신만 생각한다면 가상머신은 동적으로 CPU를 늘이거나 줄일 수 없다. 하지만 컨테이너라면 동적으로 제어할 수 있다. 또 같은 기준으로 메모리는 리소스일까? 답은 어떤 기술을 사용하느냐에 따라 역시 리소스이기도 하고 아니기도 하다. 하지만 가상머신만 생각해보면 둘다 리소스가 아니다. 그럼 가상머신에서의 리소스는 무엇일까? 바로 템플릿(클라우드 제공자마다 부르는 이름은 다르다)이다. 사용자가 정해진 규모의 cpu/memory/disk를 사용하도록 별도의 이름을 붙여서 관리하는 단위(예: m1.small, g1.xlarge)를 템플릿이라고 하는데, 가상머신을 다루는 서비스에서는 템플릿이 기본적인 리소스 단위다.

- **측정 가능할 것**measurable: 클라우드 컴퓨팅에서 제공하는 모든 리소스는 측정 가능해야 한다. 측정하는 기준은 제공하는 리소스별로 그리고 이때 가능한 기술별로 다양하겠지만, 변하지 않는 것은 측정 가능해야 한다는 것이다. 클라우드 리소스로 제공하는 것이 가상머신이라면 가상머신의 개수부터 측정 가능해야 하고, 시간이 지나면서 측정기술이 진화되면 cpu/network/disk io뿐만 아니라 클라우드 서비스가 진화됨에 따라서 프로그램의 성능도 측정할 수(또는 해야만 할 수)도 있다.

  대부분의 사용자는 클라우드에서 제공하는 리소스에 측정을 위한 agent를 직접 설치하는 것을 꺼리기 때문에(보안의 이슈도 있지만 이 agent로 인한 성능 저하를 더 싫어한다) 클라우드 제공자는 원격에서 리소스를 측정하는 방법을 택한다. 이런 방식을 원격측정telemetry이라고 부른다. 측정의 속도, 측정의 정밀도resolution가 높아질수록 클라우드가 제공하는 조작성controllability이 정교해진다. 원격측정에는 기본적으로 빅데이터/머신러닝/AI에서 사용되는 기술이 모두 동원된다. 자세한 설명은 2장에 계속 이어진다.

이렇게 리소스에 대한 정의까지 내리고 나서야 해야 할 일을 정할 수 있었다. 남은 것은 이 목적에 필요하고 가능한 기술을 검토하고 연결하고 서비스화하는 것이었다.

Management:

마지막 단어인 management는 말 그대로 관리다. 클라우드 공급자는 API로 측정가능하고 독립적인 리소스를 조절할 수 있게 해주고, 클라우드 사용자는 SDK를 통해서 리소스를 생성/삭제/변경 등의 관리를 할 수 있게 하는 것이다. 기존에는 리소스 공급자가 관리를 해주는 형태였는데, API를 노출시킴으로써 사용자가 직접 관리할 수 있게 하는 것이 클라우드 컴퓨팅의 특징이다.

클라우드를 '프로그램 가능한 리소스 관리'라고 정의하고, 사용자가 직접 컴퓨팅 리소스를 만들 수 있게(SDK와 API를 사용해서) 허용하면서 많은 일이(좋은 면이 더 나쁜 면이던 말이다.) 생기기 시작했다. 자세한 내용은 2장에서 다룬다. 결국 이런 일 때문에 클라우드를 다시 정의해야만 했다.

1.3.2 Programmable Resource Life Cycle management

사용자가 클라우드를 많이 사용하면서(아마 이때쯤 전 컴퓨팅 리소스의 15% 정도 비율이었던것 같다) 리소스를 생성·삭제할 수 있는 API를 제공하기는 했지만, 이걸 API로 직접 쓰는 사용자는 거의 없었다. 대부분 우리가 제공해준 UI에서 가상머신을 만드는 형태가 전부였다. 그리고 오케스트레이션Orchestration(정해준 rule에 의해서 인스턴스를 만들고/삭제해주는 소프트웨어)용 서비스 API가 있었지만, 사용하기가 어려워서 아무도 (정말로 아무도) 사용하지 않고 있었다. 이런 상황에서 리소스 관리용 API를 계속 만들어봐야 아무도 사용하지 않을 것이기 때문에 고민이 많았다. 이 이슈를 해결하기 위해 조직의 목표에 리소스 제어뿐만 아니라 리소스 라이프사이클을 추가하게 됐다. 해결 방법은 기존의 인스턴스 기반의 오케스트레이터는 사용성이 너무 떨어지므로 컨테이너 기반의 오케스트레이터를 사용하는 것이었다. 기존 인스턴스 기반의 오케스트레이터는 단순히 인스턴스 추가/삭제를 자동으로 해주는 것이었고, 이것을 사용해 애플리케이션을 안정성 있게 유지하려면 결국 개발자가 모든 것을 일일이 다 만들어야 했다. 자동확장으로 인스턴스가 하나 생기는 것은 오케스트레이터라 하더라도 그 인스턴스에 애플리케이션을 설치하고, 새로 설치된 애플리케이션 정보를 다시 원래의 서비스에 등록하는 등의 일은 결국 개발자가 해줘야 하는 일이었다.

그런데 컨테이너 오케스트레이터는 기본적으로 애플리케이션 이미지를 (가상머신은 기본적으론 OS 이미지만 제공된다) 실행하는 구조이기 때문에 신규 인스턴스를 생성한 후에 개발자가 할 일이 많이 줄어든다. 컨테이너의 경우 신규 인스턴스를 생성한 후에 기존 서비스나 클러스터에 정보를 업데이트하는 일을 컨테이너 오케스트레이터가 자동으로 해주기 때문에 역시 개발자가 할 일이 없다. 컨테이너 기술에서 이런 기능을 서비스 디스커버리Service Discovery라고 한다. 이 기능은 2장부터 더 자세히 설명할 것이다.

클라우드를 'Programmable Resource Life Cycle Management'라고 정의한 후 좀 더 컨테이너와 관련된 기술에 집중할 수 있게 됐다..

1.3.3 Programmable Service management

컨테이너와 컨테이너 오케스트레이터를 사용해서 서비스를 공개하는 일이 많아지면서, 클라우드와 컨테이너에 대해 다시 한번 생각해보게 됐다. 이전까지의 클라우드의 정의는 리소스 또는 리소스와 관련된 것이었는데, 컨테이너는 리소스와 애플리케이션을 결합한 형태라서 여기에 더 맞는 정의가 필요했다. 그리고 클라우드와 인스턴스, 텔레메트리, 컨테이너를 통한 자동화 연결은 결국 IT 서비스를 쉽고 편하게 만드는 것이기 때문에 개별적인 리소스를 연결하고 개선하는 대신 사용자가 IT 서비스를 더 편하게 만드는 개념이 필요했다.

문제는 서비스라는 단어를 어떻게 기술적으로 풀어내냐는 것이었다. 고민 끝에 IT 서비스는 그림 1-5의 콘셉트 모델처럼 서비스 인입점, 서비스 백엔드, 서비스 분석으로 구성돼 있고(너무 단순하게 정의하긴 했지만 주요한 역할은 다 포함시켰다), 이것을 실제로 구현하는 것은 그림 1-4의 실제 구현 그림처럼 다양한 요소로 연결돼 있다고 정의했다.

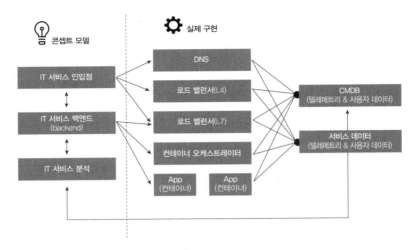

그림 1-5 클라우드 서비스 콘셉트 모델과 실제 구현

콘셉트를 위해 사용된 기술은 다음과 같다. 그리고 각각의 기술은 가장 기본적이었던 클라우드의 정의인 '프로그램 가능한 리소스 관리'의 개념으로 개발돼서 독립적이고 측정 가능한 서비스로 제공된다.

- **DNS as a Service**: 사용자가 IP(Virtual IP포함)에 대해서 자신이 원하는 DNS 레코드를 등록할 수 있게 API로 제공한다. 컨테이너 서비스 뿐만 아니라, 일반적인 서비스에도 사용할 수 있다. 그리고 '프로그램 가능한 리소스 관리'에서의 정의처럼 DNS as a Service는 레코드는 사용률과 과금 정보가 각 사용자별로 계산된다.

- **로드 밸런서 as a Service(L4)**: 사용자가 일반 VM이나 PM에 DNS를 등록해서 사용할 수도 있지만 안정성과 로드를 적절히 분배시키기 위해서 로드 밸런서를 API를 통해 만들 수 있다. 반드시 컨테이너 오케스트레이터용으로 로드 밸런서를 만들지 않아도 되고, 다른 서비스를 위해서 독립적으로도 생성 및 사용할 수 있다. 로드 밸런서의 사용량은 자동으로 텔레메트리 서비스와 연결돼 로드 밸런서 자체의 부하 상황, 커넥션 수 등의 상태를 모니터링할 수 있다.

- **로드 밸런서 as a Service(L7)**: 컨테이너를 사용하면 마이크로서비스에 포트별, URL 경로별로 다른 그룹으로 접근할 수 있는 L7 로드 밸런서가 필요하기 때문에 API로 생성 관리할 수 있도록 제공된다. 그리고 IT 서비스에 HTTPS가 필수적으로 제공되고 인증서 관리기능도 제공된다. 역시 사용자별로 사용량 측정이 가능하고, 독립적으로 로드 밸런서 자체의 scale up 기능도 제공된다. 역시 텔레메트리 서비스와 자동으로 연결돼 사용자가 스스로 운영할 수 있다.

- **컨테이너 오케스트레이터 as a Service**: 컨테이너 오케스트레이터를 자동으로 설치/확장/제거할 수 있는 서비스가 제공된다. 필요한 컨테이너 오케스트레이터용 컴퓨팅 리소스는 가상머신, 물리머신, 다른 퍼블릭 클라우드의 인스턴스 등을 가리지 않고 사용할 수 있게 만들어졌다(일종의 하이브리드 클라우드 개념도 들어가 있다). 그리고 로드 밸런서 as a Service와 연결돼 컨테이너가 생성되고 제거될 때마다 자동으로 정보가 업데이트 된다. 그리고 컨테이너 오케스트레이터가 생성/관리하는 애플리케이션 컨테이너의 성능 로그가 각 사용자별로 텔레메트리 서비스에 의해서 수집/처리된다.

- **텔레메트리 as a Service**: IT 서비스에서 발생하는 모든 메트릭, 로그, 성능 정보를 받아서 처리한다. 각 데이터별로 실시간^{RealTime} 처리, 배치^{Batch} 처리, 장기저장/단기저장 등과 같은 데이터 ETL$^{Extract, Load}$을 담당한다. 그리고 이 정보를 기반으로, 미리 정해진 Alert나 Event 또는 사용자가 정의한 알림/경고/에러 등의 알림을 제공한다. 이 모든 데이터와 데이터처리 등의 사용률과 과금 정보가 사용자별/서비스별로 제공된다.

- **CMDB as a Service**: CMDB는 Configuration Management DataBase의 줄임말로써 자신들이 관리하는 IT 리소스의 모든 정보를 조회하고 관리할 수 있는 데이터베이스다(그리고 대부분의 CMDB는 API도 제공한다). 앞서 말한 모든 리소스는 이 CMDB API와 연결돼 어떤 리소스라도 생성/삭제되면 자동으로 CMDB에 연결되도록 만들었다. 이후 이 DB를 기반으로 과금 정보를 편리하게 만들 수 있다.

1.4 정리하기

IT 서비스의 콘셉트 모델을 정하고부터는 이 콘셉트를 실제로 만들어 내기 위해 IT 서비스와 관련된 모든 것을 API로 제공하는 것이 목표가 됐다. 이제 다시 한번 생각해보자. 그림 1-4는 과연 IaaS처럼 보이는가? PaaS처럼 보이는가? 아니면 SaaS 같은가? 이런 구분은 큰 의미가 없다는 것을 이제는 알았을 것이다. '내가 제공할 수 있는 어떤 것을 API로 노출시키는 것'이 바로 클라우드 컴퓨팅이며 그게 바로 이 책에서 하고 싶은 주제다. 이 책은 그와 관련된 여러 가지 사항을 고려하고, 지속적으로 유지할 수 있게 하는 것을 목표로 한다.

⓪② 클라우드 컴퓨팅과 ITIL

클라우드 컴퓨팅이 활발해지면서, 모든 것이 변했다고 이야기 한다. 실제로 클라우드 컴퓨팅을 이루는 요소는 변했다고 할 수 있다. 컴퓨팅 요소만 해도 물리 서버에서 가상머신을 거쳐 컨테이너로 변경돼고 있다. 그래서 더 많은 혼란만 가중시키고 있다고 느끼기도 한다. 하지만 이런 변화 가운데서도 아직 유효한, 그리고 실질적으로 클라우드 컴퓨팅뿐만 아니라 컴퓨팅이라는 것이 제공해야 하는 기본적인 목적은 변하지 않고 있다. 이 주제를 살펴보기 위해서 컴퓨팅 리소스가 산업에 처음 쓰여지기 시작했을 때 도입되기 시작한 ITIL^{Information Technology Infrastructure Library}로 살펴보도록 하겠다. 그래서 컴퓨팅 리소스에서 어떤 점이 계속 유지되고 있고(또는 되어야 하고), 클라우드 컴퓨팅이 ITIL 측면에서의 컴퓨팅 리소스 관리에 더 많은 도움을 줄 수 있는지 살펴보겠다.

2.1 ITIL이란 무엇인가?

ITIL은 1980년대에 각종 산업에서 컴퓨터에 대한 의존성이 점점 증가하고, 각 산업 분야에서 우후죽순처럼 자신만의 관리방식을 적용하는 바람에 복잡도와 혼란성이 높아지고 있었다. 따라서 각 관공서나 민간기업에서 서로 독립적인 컴퓨터 리소스 관리를 하지 않도록 영국의 CCTA^{Central Communication Technology Agent}에서 발행한 문서화된 프레임워크를 말한다(이런 문서가 필요했던 것을 보면, 컴퓨터는 비즈니스에 투입되던 초기부터 관리에는 적합치 않은 존재인 것을 확인할 수 있다). IT 기반의 서비스를 관리하기 위한 ITSM^{Information Technology Service Management}이 필요한 분야별로 문서가 발행됐다. ITIL의 역사를 잠시 살펴보겠다.

- 1986년에 처음 만들어진 이 서적은 1996년에는 30권 분량으로 발행됐다.
- 2006년에는 IT 매니지먼트, IT 애플리케이션, IT 서비스의 측면을 만족시키기 위한 IT 서비스 서포트 전략^{IT service support strategy}, IT 서비스 전달 전략^{IT service delivery strategy}을 담은 버전 2가 발행됐다. 버전 2에서 이야기한 이 두 개의 큰 전략이 현재도 대부분의 ITSM의 근간을 이루고 있을 정도로 유명하다.
- 2007년에는 기존의 버전 2에, 서비스 전략^{Service Strategy}, 서비스 디자인^{Service Design}, 서비스 전환^{Service Transition}, 서비스 운영^{Service Operation}, 서비스 생명주기 전략^{IT Service Life Cycle}을 포함한 버전 3가 발표됐다.
- 계속해서 개정판을 유지하다가 2013년 AXELOS라는 영국 정부와 Capita(런던에 위치를 둔 IT 아웃소싱 전문회사)라는 민간자본이 공동으로 투자해 만든 회사로 소유권이 넘어갔다. 이후 ITIL 관련된 라이선싱, 자격증, 프레임워크 사업을 활발히 펼치게 된다.
- 2019년에 ITIL 버전 4가 공개될 예정이다.

초기에 표준화된 ITSM을 만들겠다던 ITIL의 목표는 민간자본의 투자와 여러 사람들의 목적이 겹치면서 많은 비난을 받았다. 비난의 주된 이유는 정부 주도로 만들어진 문서를 돈을 내지 않으면 볼 수가 없다는 점, 문서를 입수하더라도 특별한 훈련을 받지 않으면 실행할 수 없다는 점, 이 훈련을 자격증화해서 팔고 있었다는 점, 그리고 실제적인 면에서 BSM^{Business Service Management}과 구분이 어렵다는 점때문이다. 또한 ITIL은 너무 추상적이어서 실제적인 도움이 안 되기 때문에 결국 필요 없다고 이야기 한다. 대부분의 사람(조직)은 현재(현대가 아니라, 시점상 현재를 말한다. 이를테면 지금 이 책을 읽고 있는 지금)는 너무 변화가 심하기 때문에 20년 전, 30년 전에 나온 이론은 별로 도움이 안된다며 ITIL을 비난한다. 그리고 ITIL은 관리 영역과 비용효율화에만 맞춰져 있어 디지털 제품이나 서비스를 만드는 데 전혀 도움이 안 되기 때문에 필요가 없다고 한다. 그리고 이런 반대론자나 비판론자는 ITIL이 현대의 애자일 개발 방법과는 정면으로 배치되기 때문에 계획과 전략을 따르는 이런 방법론은 맞지 않다고 주장한다. ITIL 예찬론자는 아니지만 이런 비판에 대한 반대 의견을 좀 정리해보려 한다.

- 대부분의 목표와 전략은 추상적인 개념을 가지고 있다. 실제적인 부분은 CMMI^{Capability Maturity Model Integration}을 통해서 발전시킨다. ITIL + CMMI를 ITSM이라고 생각하면 된다.
- ITIL이 과거에 나온 개념이기는 하지만, ITIL 자체도 지속적으로 발전하고 있다. 1900년대 말에는 일반적인 시스템을 포함했지만 2007년에는 가상머신을, 최근에는 클라우드까지 포함해서 정리되고 있다.
- ITIL이 IT 자산 관리 효율에만 관심을 두는 것은 아니다. ITIL V3부터는 IT 자체가 비즈니스화되고 지속적인 서비스를 할 수 있도록 더 많은 고민과 방법을 제시하는 개념이다.
- 상황의 변화에 민감하게 반응하고, 고객의 피드백을 더 중요시하는 애자일과 ITIL은 기본적으로 서비스의 품질과 가치를 지속적으로 생각한다는 측면에서는 크게 다르지 않다. 그리고 애자일 개발은 실제적으로 보면 매번의 스크럼과 태스크 단위가 아주 작은 단위의 워터폴^{Waterfall} 개발 방법론이다.
- ITIL은 보다 상위, 추상적인 개념인 전체적인 ITSM을 구현하는 개념으로서 일부 BSM은 당연히 포함해야만 한다.

ITIL이 버전을 올리고 계속 변화했던 이유는 IT 리소스가 비즈니스에 미치는 영향이 점점 커지고, 비즈니스가 IT를 보는 관점이 계속 변화했기 때문이다.

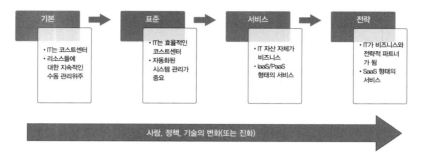

그림 2-1 IT와 비즈니스의 관계 변화

그림 2-1을 보면 초기의 IT는 비즈니스를 유지하는 코스트센터로 동작했다. 데이터를 안전하게 저장하고, 여러 개의 비즈니스를 여러 개의 서포트 조직이 받쳐준다. 시간이 지남에 따라서 비효율적으로 돌아가던 것을 없애기 위해서, 표준이 등장한다. 이때부터는 IT에 자동화된 관리가 도입되기 시작한다. 좀더 시간이 지나면, 자동화로 돌아가는 IT 자산 자체를 내·외부에 제공하는 비즈니스로 발전한다. 효율적으로 사용할 수 있도록 돼 있는 자산을 사용하게 해주고 사용료를 받는다. 이것이 바로 클라우드에 해당하며 여기엔 IaaS/PaaS 형태의 서비스가 적당하다. 시간이 좀더 흐르면 IT가 비즈니스의 전략적 파트너가 된다. IT 기술이 없으면 비즈니스 자체가 안 되는 형태로 관계가 깊어진다. SaaS 형태의 클라우드 서비스가 여기에 해당한다고 볼 수 있다. 그리고 중요한 것은 이 시간의 흐름에 따라서, 사람과 정책 기술이 모두 발전해야 한다. 이렇게 사람, 정책, 기술을 자연스럽게 발전시키는 방법은 2부에서 설명한다.

이 책에서는 ITIL 자격증을 따기 위한 방법론이나 ITIL 자체를 적용하는 부분은 다루지 않는다. 다만 ITIL이 이야기했던 개념을 설명하고, 이것을 클라우드를 통해 만들어 가는 방안을 이야기할 것이다.

2.2 ITIL V3와 IT 서비스

ITIL은 버전 4까지 나올 예정이라고 2.1절에서 설명했다. 이 책에서는 버전 3에 대해서 자세히 설명한다. 왜냐하면 버전 3부터 IT를 전략적으로 고민하기 시작했고, 서비스 생명주기라는 개념이 들어갔기 때문인데, 이 개념이 현대의 IT 서비스에 처한 상황과 이 책에서 설명하려는 클라우드 컴퓨팅과 아주 많이 닮아 있기 때문이다.

ITIL 버전 3는 그림 2-2와 같이 서비스 전략, 서비스 디자인, 서비스 전환, 서비스 운영, 서비스 생명주기 5권으로 나눠진다(2.1절에서 이야기했지만, ITIL은 프로세스이자 책이기도 하다). 각 항목별로 좀 더 자세히 살펴보겠다.

- **서비스 전략**: 내부 또는 외부 고객의 요구사항을 만족시킬 수 있는 사업 기회를 정의하고 어떤 서비스가 이 요구사항에 적합할 수 있는지 확인하는 전략이 담겨져 있다. 요구사항 관리, 시장 정의, 재정적 관리 등도 포함돼 있다.
- **서비스 디자인**: 서비스 전략에서 고민한 내용을 실현하기 위한 내용을 정의한다. 서비스 자체에 대한 집중적인 설명뿐만 아니라, 이 서비스를 위해 필요한 프로세스도 다 고려한다. 가용성 관리^{availability Management}, 용량 관리

Capacity Management, 연속성 관리Continuity Management, 보안관리Security Management까지 포함된다.

- 가용성 관리: 서비스가 약속된 가용성을 확보하거나 초과할 수 있도록 하는 것을 말한다. 가용성에는 여러 지표가 있다. 가장 많이 알려진 지표는 평균 무고장 시간MTBF, Mean Time Between Failure, 평균 수리 시간MTTR, Mean Time To Repair, 평균 고장 시간MTTF, Mean Time To Failure 등이 있다.

- 용량 관리: 서비스가 허용할 수 있는 한계를 가장 최소의 비용으로 관리하는 것을 말한다.

- 연속성 관리: 비즈니스에서 필요한 시간 단위Timescale(초/분/시간)엔 서비스 복구를 하는 것을 말한다. 역시 이를 위해 최적의 비용을 고려해야만 한다.

- 보안관리: 데이터 보안을 말하며, 인증 또는 암호화 등을 데이터의 기밀성Confidentiality, 정합성Integrity, 가용성 등을 적절한 비용으로 관리하는 것을 말한다.

- **서비스 전환**Service Transition: 서비스 디자인의 결과물을 실현하고 실 서비스Production Service를 만드는 데 집중한다. 변화 관리Change Management, 릴리즈 관리Release Management, 설정 관리Configuration Management, 서비스 지식 관리Service Knowledge Manangement를 포함한다.

- 변화 관리: 고객이나 비즈니스 기술 변화에 따른 서비스 변화가 실 서비스의 장애를 최소화하도록 하는 관리를 말한다. 변화 관리는 관리 주체에 의해 승인이 필요한 경우와 그렇지 않은 경우 그리고 긴급함의 정도에 따라 일반 변화Normal Chanage(긴급하진 않지만 승인이 필요한 변화, 스펙 변경 등이 여기에 속한다), 표준 변화(급하지 않고, 일반적인 경로로 변화가 실 서비스에 적용되기 때문에 승인이 필요하지 않다. 일상적인 개선이나 기능 개발에 의한 변화를 말한다), 긴급변화Emergency(승인이 필요한 변화지만 긴급히 적용해야 할 경우를 말한다. 기능 장애로 인한 핫패치가 여기에 속한다)로 등급이 나뉜다.

- 릴리즈 관리: 릴리즈는 승인됐고 테스트도 완료된 변화의 모음을 의미하고, 릴리즈 관리란 이것을 실 서비스에 적용할 때 필요한 관리를 말한다.
- 설정관리: 서비스를 제공하는 데 필요한 리소스(서버, DB, 네트워크)를 설정하고 관리하는 것을 말한다. 대부분의 경우 CMDB^{Configuration Management DataBase}를 말한다.

- **서비스 운영**^{Service Operation}: 실 서비스 기능이 SLA^{Service Level Agreement}를 유지할 수 있도록 하는 행위를 말한다. 장애 관리^{Incident Management}, 문제 관리^{Problem management}, 요구 수행^{Request fulfillment} 등이 포함된다.
  - **장애관리**: 실 서비스가 서비스를 이루는 요소들의 급작스런 장애에 영향을 받지 않도록 관리하는 것을 말한다. 각 장애등급(예: Information, Warning, Error)별로 별도의 행동 요령을 정의한다.
  - **문제관리**: 문제를 예방하거나 장애 후에 원인을 분석해서 동일한 장애를 두 번 이상 겪지 않도록 관리하는 것을 말한다.
  - **요구 수행**: 장애나 문제를 제외한 다른 요청에 의한 정보 전달/컨설팅, 일상적인 변경을 의미한다.

- **지속적인 서비스 개선**^{Continual Service Improvement}: 서비스의 질을 지속적으로 개선하는 데 집중한다. 서비스 리포팅^{Service Reporting}, 서비스 측정^{Service Measurement}, 서비스 레벨 관리^{Service level management} 등을 포함한다.
  - **서비스 리포팅**: 사용자의 서비스와 관련된 정보를 전달한다. 장애횟수, 변화횟수, 트렌드 리포트를 제공한다.
  - **서비스 측정**: 서비스의 품질과 관련된 지표를 주기적으로 측정한다. 서비스 인입량, 다른 서비스와의 지표 비교 등을 통해 서비스의 상태를 다방면으로 파악할 수 있게 한다.
  - **서비스 레벨 관리**: 내부적으로는 운영 수준, 외부적으로는 타 기관/공급자 관리까지 포함해 서비스를 지원하는 수준을 관리한다. 장애대응시간, 장애시간, 운영시간 등의 지표가 서비스 레벨 관리에서 정의된다.

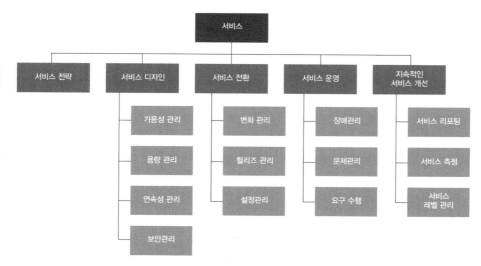

그림 2-2 ITIL 버전 3의 구조도

2.1절에서도 잠깐 언급했지만, IT를 보는 시각이 단순한 자산에서 비즈니스 전략으로 발전함에 따라서 ITIL도 가장 상위에는 IT 서비스가 위치하고 있고, IT 서비스를 효과적으로 만들고 유지하기 위한 형태로 발전됐다. 하지만 정의된 시기가 2007년 정도여서 아직 클라우드 컴퓨팅을 기반으로한 IT 서비스는 포함되지 않았고, 대부분은 물리 리소스와 절차를 통해 서비스를 만들고 유지하는 것을 고려하고 있다.

2.3 ITIL의 요소 변화

2.2절에서 설명했지만, ITIL(버전 3)에서의 가정은 IT 서비스가 물리리소스로 됐다는 것이다. 2.2절에서 ITIL 버전 3의 세부사항을 읽어 내려가면서 어떤 독자는 이미 클라우드 컴퓨팅을 떠올리며 '어떤 퍼블릭(프라이빗) 클라우드에서는 ITIL을 클라우드 API 서비스로 만들어 뒀는데?'라고 생각할 수 있다. 그렇다면 이 책을 아주 잘 선택했다. 이 책에서 주로 설명할 주제가 'ITIL을 클라우드 컴퓨팅으로 나타내기'이다. 계속 설명하기 전에 현대의 IT 요소의 변화를 설명하겠다.

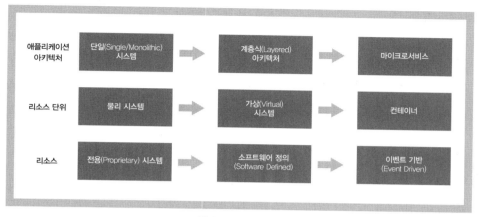

그림 2-3 IT 요소의 변화

우선 IT 애플리케이션 아키텍처는 단일 아키텍처에서 시작해서 현재의 마이크로서비스 아키텍처로 변화됐다. 작은 서비스[1]가 모여서 큰 서비스를 이루는 형태로 변경됐고, 이런 아키텍처적인 특징은 현대의 애자일 개발과 잘 맞아 있다.

마이크로서비스 아키텍처에 잘 맞도록 컴퓨팅 리소스는 물리 시스템에서 가상 시스템을 거쳐서 컨테이너로 변화됐다(마이크로서비스 아키텍처에 가장 잘 어울리는 컴퓨팅 리소스가 컨테이너라고 생각하지는 않는다. 가상머신도 좋은 컴퓨팅 리소스가 될 수 있다고 생각한다). 그리고 리소스 자체도 전용 시스템에서, 소프트웨어 정의를 거쳐서 이벤트 기반으로 바뀌었다. 전용 시스템을 사용할 경우는 시스템은 거의 영속적^{Persistent}으로 존재했다. IT의 자동화가 계속 발전하면서 소프트웨어 정의[2]로 컴퓨팅 리소스를 자동으로 생성할 수 있게 됐다. 자동화 기술과 IT 성능이 발전하면서 특정 리소스에 대한 이벤트가 발생하면 그때 컴퓨팅 리소스를 만들고, 해당 작업이 끝나면 리소스를 없애는 이벤트 기반 컴퓨팅 리소스가 등장했다. 가장 대표적으로 그림 2-3과 같은 FaaS$^{Function As A Service}$를 예로 들 수 있다.

---

1 작다는 것도 상대적이고 설계적인 개념이다. 현대의 IT는 아주 복잡하기 때문에 처음부터 모든 것을 다 포함하는 서비스를 만들 수 없어서 단일 목적을 가지는 작은 IT 서비스를 우선적으로 설계해서 만들고, 다시 이 IT 서비스를 묶어서 큰 목적을 가지는 IT 서비스를 만드는 형태를 의미한다.
2 사용자가 특정한 데이터 포맷으로 정의된 컴퓨팅 리소스 요구사항을 공급자가 제공하는 API에 전달해 리소스를 만드는 것

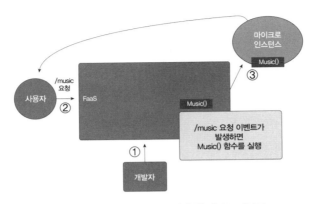

그림 2-4 FaaS 기반 웹 서비스 개념도

FaaS로 웹 서버를 만들면, 먼저 개발자는 /music 경로에 대해서 Music() 함수^{Function}를 실행하도록 FaaS에 등록해둔다. 그런 다음 사용자가 /music 경로를 요청하면 FaaS는 Music() 평션을 실행할 마이크로 인스턴스를 띄우고 Music()을 실행한 다음 마이크로 인스턴스[3]를 종료한다. 서비스 개발자의 경우에는 이전 소프트웨어 정의나 가상머신으로 요청을 처리하는 것보다 훨씬 저렴하게 리소스를 사용할 수 있다.

이러한 기술이 지향하고 있는 바는 애플리케이션 내부뿐만 아니라 애플리케이션 간의 필요한 의존성은 낮추고(Loosely coupled, 그래야 빠른 변화와 큰 규모의 협업이 가능하다), 리소스는 비 영속적^{Ephemeral}으로 존재하는 것이다. 낮은 의존성과 비 영속적인 특징 덕분에 현대의 IT는 결국 잦은 변화라는 아주 주요하고 다루기 어려운 특징을 가진다. 변화는 다양한 형태로 나타나는데, 작게는 장애나 설정 변경부터 크게는 애플리케이션의 목적이나 방향이 바뀌는 것을 말한다. 그리고 이 변화는 아주 다양하게 여러 부분, 여러 경우에서 발생하기 때문에 사람의 인지로 따라가기에는 아주 어려운 형태로 중첩돼 나타난다.

게다가 클라우드 컴퓨팅이 서비스에 적용되면서부터는 멀티 테넌트$^{multi\ tenant}$(여러 사람이 물리 리소스를 공유해서 사용하지만, 리소스 고립^{Isolation} 기술을 통해 각각 독립적인 리소스

---

3 현대에는 컨테이너를 마이크로 인스턴스로 사용하지만 2018년 11월에 AWS에서는 자사의 FaaS 서비스에 사용하는 가상머신을 공개했다. 그래서 컨테이너란 표현 대신 인스턴스라는 표현을 사용한다.

를 사용한다고 느끼게 하는 기술)로 리소스를 사용하기 때문에 이런 변화가 각 사용자별로 일어나고 영향을 미치게 되고 복잡도는 더욱 증가한다. 이렇게 복잡하게 연결돼 있고, 변화가 잦은 클라우드 컴퓨팅 환경에서 IT 서비스를 제공하는 사람과 회사가 점점 늘어나고 있다. 그리고 개인정보 보호법, 금융법이 개정돼 관공서나 은행에서도 클라우드를 사용할 수 있게 되고 있다. 이렇게 변화가 잦은 환경에서 안정되게 서비스를 만들고 지속적으로 유지하기 위해서는 클라우드 컴퓨팅에서의 ITIL을 생각해 봐야만 한다.

2.4 클라우드 컴퓨팅과 ITIL

컴퓨팅 요소가 클라우드 컴퓨팅 시대를 맞아서 점점 변화하고 있는데, 클라우드 컴퓨팅을 ITIL과 연결시키는 것은 좀 무리가 있을 수도 있다. ITIL이라는 단어에 인프라 스트럭처Infrastructure가 들어가 있다고 해서 이것이 단지 컴퓨팅 리소스만 생각하는 것이 더 이상 아니다. 2.2절에서 이야기했던 것처럼 ITIL은 버전 3부터는 인프라 스트럭처뿐만 아니라 '서비스'를 만들고 지속적으로 유지하기 위한 것으로 성격을 완전히 바꿨다. IT가 비즈니스(더 이상 코스트센터가 아닌 돈을 만드는 형태)가 되는 바로 그 목적을 실현하기 위한 방법으로 ITIL이 변화됐다. 이런 측면에서 ITIL 버전 3에서 다루는 내용은 최대한 현대 IT 서비스에 반영돼야 한다.

클라우드 컴퓨팅의 특징은 1장에서 설명했듯이 API를 통한 서비스 관리다. 그리고 이 절에서는 클라우드 즉 API로 서비스를 관리할 때 고려해야 하는 점을 ITIL로 확인하려고 한다. ITIL에서 이야기한 서비스 전략외에 서비스 디자인, 서비스 전화, 서비스 운영 그리고 지속적인 서비스 개선을 클라우드 형태로 제공하거나 클라우드가 제공하는 API를 사용해서 달성할 수 있다.[4]

클라우드 컴퓨팅의 본질적인 특징은 2.3절에서 이야기한 것처럼 비 영속성과 낮은

---

4 이 책에서의 클라우드 의미가 잘 와 닿지 않는 독자는 1장을 다시 한 번 보기를 권한다.

의존성이다. 하지만 IT 서비스는 영속해야 하고, IT 서비스 간의 의존성이 생길 수밖에 없다. 즉 상충하는 특성이 클라우드 컴퓨팅과 IT 서비스 간에 존재한다. 이 간극을 연결해 줄 수 있는 기술(또는 제품)이 오케스트레이터Orchestrator다. 오케스트레이터는 아주 간단하게 말하면 사용자가 정의한 대로 리소스를 관리해주는 것이다. 즉 사용자가 오케스트레이터에 '내 서비스에 인스턴스는 10개가 있어야 한다'라고 정의해두면, 오케스트레이터는 어떤 경우라도 인스턴스 10개를 유지하기 위해 노력한다. 만약 인스턴스 몇 개가 장애로 유실되면, 오케스트레이터는 유실된 숫자만큼 다시 생성하고 서비스를 배포하려고 한다. 이렇게 오케스트레이터를 통해 IT 서비스를 유지하는 것을 서비스 오케스트레이션Service Orchestration이라고 한다. 이 오케스트레이터는 크게 4종류로 구분된다.

- **서버 오케스트레이터**: 서버나 가상머신을 기반으로 서비스 오케스트레이션을 실행한다. 대개의 경우 정해진 수의 서버 개수를 늘이고 줄이는 데 사용한다. 그리고 생성된 서버를 기반으로 IT 서비스용 앱을 배포하고 실제 서비스용 클러스터에 넣고 빼는 부분은 사용자가 일일이 해줘야 한다. AWS의 클라우드 포메이션Cloud Formation, 오픈스택의 히트Openstack Heat가 이런 클라우드 서비스에 속한다.

- **컨테이너 오케스트레이터**: 컨테이너를 기반으로 서비스 오케스트레이션을 실행한다. 사용자는 컨테이너 오케스트레이터가 사용할 컨테이너와 상황만 정의해주면 컨테이너를 배포하고 삭제하는 관리는 오케스트레이터가 자동으로 한다. 1세대 컨테이너 오케스트레이터는 메조스Mesos, Mesosphere사가 있고 2세대 컨테이너 오케스트레이터는 같은 회사에서 만든 DC/OS와 구글의 내부 서비스 보그Borg를 기반으로 했다고 알려진 쿠버네티스kubernetes가 있다.

- **앱 오케스트레이터**: 사용자는 정해진 앱 오케스트레이터 SDK로 앱을 만들고, 오케스트레이터에 등록해두면 생명주기는 오케스트레이터가 관리한다. 구글의 앱 엔진 서비스, 쿠버네티스(https://kubernetes.io) 기반의 knative(https://knative.dev)가 여기에 속한다.

- **함수 오케스트레이터**: 사용자가 함수와 특정 상황을 지정해 두면 자동으로 관리 해준다. 흔히 서버리스^{Server-less} 또는 FaaS^{Function As A Service}라고 부른다. 앱 오케스트레이터와 함수 오케스트레이터의 차이는 실행 시간에 있다. FaaS 같은 경우 몇 분 이상 함수를 실행할 수 없는 제약이 있다. AWS 람다^{lambda}와 오픈위스크(https://openwhisk.apache.org)가 여기에 속한다.

가상머신 기반의 클라우드에서도 오케스트레이션 서비스는 있었다. 다만 가상 인스턴스를 활용한 오케스트레이션은 인스턴스 생성 후의 클러스터에 추가·삭제하는 것을 사용자가 일일이 다 만들어줘야만 했다.

파일 2-1 가상 인스턴스 기반 오케스트레이션 상세

```
1:      user_data:
2:          str_replace:
3:              params:
4:                  __port__: { get_param: port_number }
5:                  wc_notify: { get_attr: ['wait_handle', 'curl_cli'] }
6:              template: |
7:                  #!/bin/bash -ex
8:
9:                  # 의존성 설치
10:                 apt-get update
11:                 apt-get -y install build-essential python python-dev python-
                        virtualenv supervisor haproxy
12:             #haproxy 원래 설정 저장
13:                 cp /etc/haproxy/haproxy.cfg /etc/haproxy/haproxy_base.cfg
14:
15:             #워커 초기 설정
16:                 cat >>/etc/haproxy/servers.json <<EOF
17:                 []
18:                 EOF
19:                 # update.py 작성
20:                 cat >>/etc/haproxy/update.py <<EOF
21:                 import sys
22:                 import json
```

```
23:            import subprocess
24:            # 메타 데이터에서 서버리스트 가져오기
25:            metadata = json.loads(sys.stdin.read())
26:            new_servers = json.loads(metadata.get('meta', {}).get('servers', '[]'))
27:            EOF
28:            # let Heat know that we are done here
29:            wc_notify --data-binary '{"status": "SUCCESS"}'
```

파일 2-1은 가상 인스턴스 기반의 오케스트레이션에 의해 haproxy 인스턴스에 백엔드 서버를 자동으로 추가·삭제하는 코드다. 10~12라인은 새로운 인스턴스에 haproxy 패키지를 설치하는 명령어다. 13라인은 패키지 디폴트 haproxy.cfg를 다른 이름으로 저장한다. 20~26라인은 오케스트레이터에서 입력한 정보에 따라 서버리스트를 업데이트하는 파이썬 코드를 만드는 배쉬^{Bash}스크립트다(문장을 잘못 쓴게 아니라 실제로 파이썬 코드를 작성하는 배쉬 스크립트다). 29라인은 오케스트레이터에게 모든 작업이 잘 끝났다고 알려주는 커스텀 코드다. 코드의 복잡성은 이해한다 하더라도, 만일 중간에 패키지 설치나 파이썬 코드 실행 등이 잘못됐을 때 이것을 그대로 재현하는 것은 아주 어려운 일이다. 왜냐하면 오케스트레이션 서비스를 자신의 워크스테이션에 깔기가 여간 까다롭고 복잡한 일이 아니기 때문이다.

파일 2-2 컨테이너 기반 오케스트레이션 예제

```
1:     apiVersion: extensions/v1beta1
2:     kind: Ingress
3:     metadata:
4:       name: app
5:     spec:
6:       rules:
7:       - host: foo.bar
8:         http:
9:           paths:
10:          - path: /app
11:            backend:
12:              serviceName: http-svc
```

```
13:              servicePort: 8080
```

파일 2-2의 경우는 컨테이너 오케스트레이터를 사용한 로드 밸런서 자동화의 일
부다. 핵심 기능인 로드 밸런서 백엔드 정보를 업데이트하는 것은 11~12 두 줄로
돼 있다. 내부 서비스 이름 http-svc에 등록된 모든 컨테이너의 정보를 10라인에
표시된 것처럼 /app에 연결한다. http-svc 서비스에 등록하는 것은 파일 2-3과
같다.

파일 2-3 컨테이너 기반 오케스트레이션 예제

```
1:        apiVersion: extensions/v1beta1
2:        kind: Deployment
3:        metadata:
4:          labels:
5:            run: http-svc
6:          name: http-svc
7:        spec:
8:          replicas: 2
9:          selector:
10:           matchLabels:
11:             run: http-svc
12:         template:
13:           metadata:
14:             labels:
15:               run: http-svc
16:           spec:
17:             containers:
18:             - name: http-svc
19:               image: gcr.io/google_containers/echoserver:1.3
20:               ports:
21:               - containerPort: 8080
```

파일 2-3의 17~21라인을 보면 gcr.io/google_containers/echoserver 컨테이너
이미지 1.3 버전을 실행하고 이 컨테이너와 연결된 외부 포트는 8080으로 노출한다.

이 컨테이너 이름을 http-svc라고 정한다. 8라인처럼 2개의 복제본replica을 유지하도록 하고 2개의 컨테이너가 6라인처럼 http-svc 서비스 그룹을 유지한다. 만약에 어떤 장애가 발생해서 복제본 중에 하나를 사용하지 못하면 이 정보는 http-svc 서비스 그룹을 사용하고 있는 다른 서비스에 자동으로 업데이트된다. 이렇게 특정 서비스 그룹의 정보가 자동으로 업데이트 되는 것을 서비스 디스커버리라고 한다. 가상 인스턴스 기반의 오케스트레이터는 서비스 디스커버리 기능을 사용자가 직접 개발해야 하는 불편함이 있었지만, 컨테이너 오케스트레이터의 경우 기본적으로 서비스 디스커버리를 지원하기 때문에, 개발자는 이 기능에 맞춰서 컨테이너와 애플리케이션을 간단하게 만들 수 있다.

그래서 클라우드 시대에는 이 오케스트레이터로 리소스 레이어를 추상화시키고(즉 물리 서버에 오케스트레이터를 깔거나, 클라우드에서 제공하는 오케스트레이션 서비스를 사용하는 것을 말한다), 개발자는 오케스트레이터 SDK를 사용해 앱을 개발한다. 리소스의 상태나 서비스의 상태는 사용자가 지정한 형태로 오케스트레이터가 계속 유지시켜주기 때문에, 그림 2-5와 같이 클라우드에서 제공하는 API와 오케스트레이터를 결합하면 ITIL에서 이야기하는 지속적인 서비스 운영/개선을 아주 손쉽게 할 수 있다.

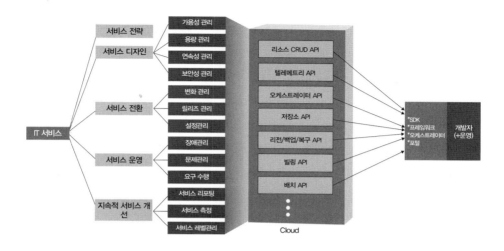

그림 2-5 클라우드 API와 오케스트레이터를 통한 ITIL

아주 간단하게 ITIL의 서비스 관련 항목 4개와 연결하면 다음과 같다.

- **서비스 디자인**
  - **가용성 관리**: 오케스트레이터가 가진 health check를 활용한다. 그리고 컨테이너 배포 시에 가용성을 높이기 위해서 복제본이 서로 다른 노드에 배포되도록 클라우드의 배치 api를 사용한다(anti-affinity 기능이라고 한다).
  - **용량 관리**: 오케스트레이터를 통해 컨테이너를 배포할 때 cpu/memory 등의 사양을 정한다. 필요한 경우 클라우드의 빌링 API와 연동해서 특정 가격이 넘어가면 리소스를 줄이도록 만든다.
  - **연속성 관리**: 클라우드 서비스에서 제공하는 SLA와 클라우드 오케스트레이터에서 제공하는 각 컨테이너의 타임아웃 등을 고려해서 자신의 서비스 SLA를 결정한다.
  - **보안관리**: 기본적인 접근 보안은 오케스트레이터가 가진 RBAC[Role based Access Control List]를 사용한다. 애플리케이션의 데이터 보안은 컨테이너 체크

섬^{checksum}을 오케스트레이터가 자동으로 관리해준다. 그리고 보안이 필요한 데이터는 오케스트레이터에서 제공해주는 보안 파일 관리 기능을 사용한다.

- **서비스 전환**^{Service Transition}
  - **변화 관리**: 오케스트레이터가 가진 health check, liveness 체크 기능을 사용한다. 개발자는 각 오케스트레이터의 이 기능을 사용하도록 자신의 앱을 만든다.
  - **릴리즈 관리**: 릴리즈 승인이 끝난(오케스트레이터 역할은 아니기 때문에 테스트나 별도의 검증 시스템으로 한다) 컨테이너를 오케스트레이터가 배포하도록 한다. 만일 앱이나 서비스에 문제가 발생하면 오케스트레이터가 자동으로 롤백^{Rollback}한다.
  - **설정관리**: 오케스트레이터가 가진 CMDB나 중앙에 위치한 CMDB를 활용한다.
- **서비스 운영**^{Service Operation}
  - **장애관리**: 오케스트레이터가 관리하는 레벨로 행동지침을 만든다. 오케스트레이터는 인스턴스의 그룹으로 이뤄진 서비스에 문제가 발생하지 않으면 warning 정도의 에러를 발생한다.
  - **문제관리**: 기초적인 장애는 오케스트레이터 자체가 해결해주므로, 오케스트레이터가 해결해주지 못했던 케이스에 대해서 해당 시간의 로그/미터링데이터/퍼포먼스 데이터를 기반으로 원인에 대해서 분석하고 개선사항을 오케스트레이터에 반영한다.
  - **요구 수행**: 일상적인 변경은 오케스트레이터 관리자가 아니라, 서비스 개발자가 직접 오케스트레이터 API를 사용해 적용한다. 이때에도 오케스트레이터는 장애가 발생하면 설정을 롤백한다.
- **지속적인 서비스 개선**^{Continual Service Improvement}
  - **서비스 리포팅**: 사용자 서비스와 관련된 기본 정보는 오케스트레이터가 제공한다.

○ **서비스 측정**: 오케스트레이터가 제공하는 서비스 정보를 통해서 사용자 또는 운영자가 관리할 지표를 정하고 측정한다. 대개의 경우 이에 필요한 데이터는 오케스트레이터의 데이터뿐만 아니라, 오케스트레이터에서 실행되고 있는 서비스(컨테이너 자체의 메트릭)만으로는 문제를 해결하기 어려운 경우가 대부분이다. 따라서 원격측정 서비스로 추가적으로 포함된 정보를 기반으로 지표 데이터를 관리해야만 한다.

중요한 것은 이 과정에서 운영자라는 구분없이 클라우드 API와 오케스트레이터만으로 개발자가 운영도 함께 한다는 것이다. 그림 2-5에 보면 각 서비스 API를 발전시키는 방법은 CMMI를 따른다고 했다. CMMI는 Capability Maturity Model Integration의 줄임말로 한국어로는 능력 성숙도 통합 모델로 불린다. 성숙도를 초기, 관리, 정의, 양적관리, 최적화와 같이 5단계로 나눠서 각 단계별로 집중할 영역을 KPA^{Key Performance Area}로 지정한 후 해당 영역을 집중적으로 발전시켜서 소프트웨어 프로세스를 정착시키는 모델을 말한다. 클라우드가 제공하는 서비스 역시 이 모델을 따라서 시작해보고 발전시키면 더 쉽게 실제 업무에 적용시킬 수 있다. 3장에서 더 자세히 설명하겠다.

> **NOTE**
>
> 데브옵스(DevOps)는 글자 그대로 서비스 개발자가 운영까지 함께 한다는 것이다. 흔히 이렇게 되면 운영자가 없어진다고 하는데, 운영자는 자신이 하고 있는 업무를 IT 서비스로 개발하고 운영하면 된다. 그리고 개발자가 자신의 서비스를 운영해야 하기 때문에 API로 리소스를 제어하는 클라우드는 필수여야 한다.

2.5 정리

2장에서는 ITIL에 대해서 자세히 살펴봤다. ITIL은 서비스를 만들고 유지하는 데 필수적인 사항의 틀과 프로세스를 제공해주는 모델이었는데 이것이 현 시점에서, 그리고 클라우드 시대에 와서 더 이상 필요없는 모델이 아니라 클라우드가 제공해주는 API와 오케스트레이터를 사용해서 더 쉽고 발전적으로 사용할 수 있다는 점을 설명했다. 3장에서는 실제로 클라우드를 만들 때 필요한 단계를 설정하고 실행하는 방법과 이 단계를 CMMI를 통해서 파악하고 진행하는 방법을 설명한다.

③

클라우드 계획하기

소프트웨어와 IT 기술을 가지고 IT 서비스를 만드는 것도 어렵지만, 만들어진 서비스를 적용하고 전체적으로 전파하는 일도 어렵다. 더군다나 각종 소프트웨어 기술과 조직별 파급력, 영향력이 큰 클라우드를 개인이나 조직이 처한 상태와 목적에 맞게 개발하고 전파하는 일의 어려움은 상상을 초월한다. 그래서 3장에서는 소프트웨어를 전파할 때 필요한 역량 성숙도 통합 모델 CMMI^{Capability Maturity Model Integration}의 콘셉트를 적용해 클라우드의 개발이나 사용을 계획하는 방법에 대해서 설명한다. 대개의 경우 CMMI를 부정적으로 보기도 하고, CMMI 단계별 인증을 거치기 위한 문서 작업의 양이 방대하고 까다롭기 때문에 현대의 애자일 개발과는 대치되는 것으로 이해하기도 한다. 하지만, 나는 CMMI가 목표로 하는 그 이상인 '역량을 지속적으로 발전시켜서 성숙하게 만들고 그것을 개인의 차원이 아닌 팀과 조직의 차원으로 확산시키고자 하는 것'에 완벽하게 동의하기 때문에 그 이상을 현실에 적용하는 것을 설명하려고 한다. 3장에서는 다음과 같은 내용을 설명한다.

- CMMI의 정의에 대해서 설명한다.
- CMMI와 클라우드가 어떻게 연결돼 있는지 설명한다.

- 각 성숙도에 따라서 어떤 일을 진행해야 하는지 클라우드 서비스 개발 관점에서 설명한다.

3.1 CMMI란?

CMMI는 카네기 멜론 대학교^{CMU} 내의 CMMI 연구소가 미 국방부^{Department of Defence}의 요청으로 소프트웨어 분야에 특화된 프로세스와 단계의 개선을 목적으로 만들어진 교육 및 평가 모델이다. 이 모델을 사용하면 전체 프로젝트뿐만 아니라 부서 단위 또는 전사^{Entire Company} 범위의 소프트웨어 프로세스를 개선할 수 있다고 CMMI 연구소는 주장하고 있다. CMMI는 2010년 1.3 버전 모델이 나온 후 변화가 없다가, 2018년 3월에 2.0 버전이 새롭게 나왔다. 특별한 차이는 1.3 버전까지는 CMMI-DEV(개발을 위한 CMMI, CMMI for Development), CMMI-ACQ(서플라이 체인 관리, 흡수, 아웃소싱과 관련된 CMMI, CMMI for Acquisition), CMMI-SVC(외부에 서비스를 제공하기 위한 CMMI, CMMI for Service)를 구분해서 각 영역별로 역량 성숙도 레벨을 구분하고 목표를 설정할 수 있도록 했다. 2.0 버전에서는 3개의 영역을 1개로 통합하고 역량 레벨의 각 프로세스는 기존의 CMMI-DEV, CMMI-ACQ, CMMI-SVC에서 적절히 가져와서 만들어졌다. 그리고 기존 영역의 프로세스뿐만 아니라 애자일 개발 프로세스까지 반영한 것이 2.0 버전의 큰 특징이다.

CMMI를 이루는 각 단어의 뜻은 다음과 같다.

- **Capabiliy**^{역량}: 개별적인 프로세스 영역(이를테면 ITIL에서의 서비스 운영 영역에서 장애감지 부분 등을 말한다)을 개선하고자 할 때의 역량을 말한다.
- **Muturity**^{성숙도}: 미리 정의된 프로세스 영역의 집합(서비스 운영영역)을 개선하고자 할 때의 성숙도를 말한다.
- **Model**^{모델}: CMMI 프레임워크로 만들어진 모델을 말한다.
- **Integration**^{통합}: 역량과 성숙도를 통합해서 하나의 프레임워크로 통합되는 것을 말한다. 이를테면 소프트웨어 개발을 위한 역량, 성숙도 통합을 말한다.

CMMI 모델에서 소프트웨어와 관련된 역량은 수행[Performed], 관리[Managed], 명시적[defined] 단계로 구분 짓는다. 각 영역별 특징은 다음과 같다.

- **수행[Performed] 단계**: 프로세스의 특정 영역들에서 필요한 일들을 실행할 수 있다.
- **관리[Managed] 단계**: 조직에서 정의된 형태로 일을 계획하고 실행한다. 능력이 좋은 사람들을 고용하고, 결과물을 일정한 형태나 정해진 일자에 만들어 낸다. 소프트웨어를 만드는 과정 전체가 모니터링이 가능하고, 관리되는 단계이다. 이때는(저자확인)
- **정의[Defined] 단계**: 수행/관리를 거치고 나서, 지표데이터와 관계 없는 부분들은 적절한 기준에 의해서 제거할 수 있다.

CMMI 모델에서는 소프트웨어와 관련된 성숙도를 초기[Initial], 관리[managed], 정의[Defined], 양적 관리[Quantitatively Managed], 최적화[Optimizing] 다섯 단계로 구분 짓고 있으며, 각 단계마다 추구해야 할 목표를 KPA[Key Performace Area]로 정한다. 각 단계별 특징은 다음과 같다.

- **초기[initial] 단계**: 소프트웨어 프로세스를 이 단계에서 예측하긴 어렵다. 왜냐하면 프로세스를 구현할 환경조차 마련되지 않았기 때문이다. 성공 사례로 남을 만한 소프트웨어 프로젝트는 엄청난 능력을 가진 한두 사람에 의해 완성된다. 이 프로젝트[1]는 동작은 하지만 예산을 초과하고, 한두 사람의 너무 많은 노력을 요구하기 때문에 동일한 방식으로 다시 해당 소프트웨어를 만드는 것은 불가능하다. 성공 사례를 기반으로 조직의 프로세스와 문화도 바꿔야 하기 때문에 그 다음 단계로 진입하는 것은 아주 어렵다. 1단계가 가진 문제점은 다음과 같다.
  - 목적이 불분명하고, 목적을 달성한다 하더라도 성과의 가치를 측정하기 어렵다.
  - 목적이 불분명하기 때문에 요구사항이 불분명해지거나 계속 변한다(반대

---

1 대부분 POC(Proof Of Concept) 제품 또는 프로젝트라고 부른다.

일 수도 있다).

- ○ 계획이 불완전하거나 비현실적이다[2].
- ○ 한 두 사람에 대한 의존성이 커진다.

이런 문제점에도 불구하고 초기 단계에서는 결과물을 지속적으로 발전시킬 수 있는 프로세스를 고민해야 한다. 결과물이라 하면 ITIL 기반으로 분석한 4가지 카테고리를 만족시키는 도구와 기법을 말한다

- **관리**[managed] **단계**: 초기 단계에서 사용한 결과물을 정리해서 프로세스화한 다음에 각 프로젝트의 계획/실행 관리단계에서 사용한다. 이전 단계에서의 성과물을 그대로 사용할 수 있는 장점이 있고, 이전 결과물을 그대로 활용해서 만든 신규 프로젝트의 성과 가치를 측정할 척도(초기 단계의 결과물이 결국 척도가 된다)가 있으므로 프로젝트의 평가를 내리기가 쉬워진다. 이 단계에서는 다음 단계에서 더 큰 규모의 조직이나 전사 규모에서 사용할 수 있도록 프로세스를 정리해야 한다. 주요 카테고리는 요구사항정리, 소프트웨어 프로젝트 계획, 소프트웨어 프로젝트 추적 및 관리기법, 소프트웨어 하위 계약 관리, 소프트웨어 품질 관리, 소프트웨어 설정관리 기법을 정의해 둬야 한다. 초기 단계에서 ITIL로 확인한 관리기법을 여러 프로젝트에 적용해 보면서 조금 더 발전시켜서 일반적으로 적용할 수 있도록 하는 단계다.
- **정의**[Defined] **단계**: 이전 단계에서 여러 프로젝트를 거치면서 만들어진 소프트웨어 프로젝트 관리기법이 전 조직의 표준 프로세스로써 동작한다. 이 표준 프로세스를 통해서 조직 측면에서는 일관된 프로젝트 관리 기법을 적용할 수 있어서 관리성을 높이고, 프로젝트 자체는 비용과 일정에 관련된 요구사항을 충족시킬 수 있게 된다.
  - ○ 이 단계에서는 전 구성원이 조직 간에 또는 비즈니스 유닛까지도 프로세스를 따른다는 일관성을 가질 수 있다.

---

2 대개의 경우 이때 '나는 화성에 가고 싶다'류의 계획을 이야기한다.

- 프로젝트는 변경 가이드에 따라서 일부 변경된 프로세스로 진행될 수도 있다.

이 단계에서는 프로세스가 아주 엄격하게 관리되고, 정의되지 않은 일을 행할 경우 조정을 받게 된다. 그리고 전체 조직에 대한 프로세스이기 때문에 이 단계의 프로세스를 따르는 프로젝트는 기하 급수적으로 늘어난다.

- **양적조절**Quantitatively Managed **단계**: 3단계에서 정해진 프로세스에 의해 발생하는 소프트웨어의 품질이나 성능을 양적으로 나타낼 수 있는 목표를 설정한다. 여기서 이야기하는 목표는 조직의 비즈니스, 구성원, 프로세스 실행자의 상황까지 아우른다. 그리고 이 목표는 양적으로 나타낸다는 이야기 측정이 가능해야 한다는 것이다. 그래서 CMMI 방식에서는 목표를 정할 때 단순하게 어떻게 하자 또는 어떻게 돼야 한다 식의 구호가 아니라, 어떤 목표를 이루는 구성요소와 그 구성요소의 측정 방식까지 정의해야 한다.

표 3-1 양적 목표 예제

비즈니스 목표	측정항목	최소 값	최대 값	측정방식	지표 값의 의미
안정성이 높은 소프트웨어 만들기	테스트 커버리지	50	70	테스트 케이스 통과율	소프트웨어를 구성하는 테스트 중에서 성공한 테스트의 통과율
	테스트 횟수	1번	3번	Pull request당 테스트 수	개발자가 변경사항에 대해 pull request를 요청했을 때 실행하는 테스트 종류
	Pull Requst당 리뷰 코멘트 개수	2번	5번	Pull Request당 코멘트 개수	개발자가 Pull Request를 요청했을 때 받은 코멘트의 개수

표 3-1은 양적 목표를 설정한 예제를 보여준다. 비즈니스 목표인 '안정성이 높은 소프트웨어 만들기' 항목에 여러 가지 측정 가능한 지표를 넣었다. 지표를 정하고 관리할 경우 상상할 수 없는 조직적인 반대에 부딪히는 게 대부분이다. 만약 프로젝트 초기에 안정성이 높은 소프트웨어 만들기 같은 지표를 정해서 관리하겠다고 하면 대부분 싫어한다(아마 혐오한다는 표현이 더 정확할 지도 모르겠다). 하지만 이 지표데이터

는 CMMI 4단계에서 나온다. 즉 1~3단계까지 지난 후에 경험을 바탕으로 귀납적으로 정리된 지표라는 점에서 오히려 지지를 받을 수도 있다. 그리고 이런 지표를 마련함으로써 또는 이런 지표를 만드는 이유는 프로젝트의 현재 상태와 앞으로의 진행 결과를 예측해 줄 수 있기 때문이다. "측정하는 것이 바로 자신을 말한다. 'You are What you measure'" [3]이란 말도 있듯이 이 단계에서의 지표데이터는 그 자체로 프로젝트의 상태를 나타내주기 때문에 잘 관리해야 한다.

- **최적화**^{Optimizing}**단계**: 비즈니스 목적에 따라 품질(그리고 성능)을 수치화할 수 있기 때문에, 지속적으로 프로세스를 개선한다. 즉 프로세스나 프로세스를 이루는 단위 기술의 변화를 양적으로 측정가능하기 때문에 각 프로세스간 프로세스 내의 변화 또는 혁신이 전체적으로 좋은(또는 나쁜) 영향을 미치는 지 이해할 수 있다. 그렇기 때문에 지속적인 개선활동이 가능해진다. 4단계가 각 프로젝트의 성능 향상이나 예측이었다면 5단계는 전사적으로 각 조직에서 일어나는 프로젝트를 분석해서 전체 이해할 수 있는 수준이 된다.

단계별로 주요한 지표를 만들고 전사적으로 관리하는 것이 결국 CMMI의 핵심이다. 그리고 CMMI에서 말하는 역량과 성숙도의 관계는 다음과 같다. 성숙도와 역량과의 관계는 역량이 '정의'단계까지 가면 성숙도도 자연스럽게 '정의'단계까지 가는 것이라고 표 3-2처럼 생각하기 쉽다. 즉 각 프로세스 하부를 어느 단계까지 끌어 올려두면, 성숙도(조직적인 성과)가 개선된다고 생각할 수 있다.

표 3-2 역량 레벨과 성숙도의 비교

단계	역량	성숙도
1	수행	초기
2	관리	관리
3	정의	정의

---

3 존 하우저(John Hauser) MIT 경영대학교 교수가 1998년에 유럽 경영 저널(European Management Journal)에 낸 논문이름이다. 이 논문에서 하우저 교수는 경영 지표 중 잘못된 케이스를 지적하고, 고객/직원/프로세스에 기반을 둔 효과적이지만 간단한 지표를 만드는 법을 이야기 했다.

단계	역량	성숙도
4		양적 조절
5		최적화

하지만 실제로는 성숙도의 각 단계별, 영역별로 실행되는 역량이 발전된다고 보는 것이 맞다. 그림 3-1과 같이 성숙도의 각 단계별로 세부 목표[4]를 정하고 그에 따른 결과를 만들어 내는 것을 역량레벨로 본다. 프로세스 영역이 바뀌고, 성숙도가 진화함에 따라서 역량레벨은 다시 실행/관리/정의 단계를 반복한다.

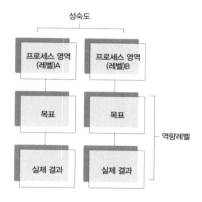

그림 3-1 역량레벨과 성숙도간의 관계

CMMI는 소프트웨어 서비스 개발[CMMI-DEV], 소프트웨어 서비스 관리[CMMI-SVC], 소프트웨어 제품 획득[CMMI-ACQ]이라는 3개의 영역에 관심을 둔다. 그리고 SCAMPI[Standard CMMI Appraisal Method For Process Improvement]라는 평가 방법론이 있다. 이 평가 방법론은 다시 클래스 A, B, C로 나뉘어서 각 단계마다의 산출물과 단계를 측정하는 방법을 제시한다. 이것은 이 책의 범위를 넘어가므로 생략하겠다. 이 책에서는 클라우드를 개발하고 사용하는 데 초점을 두고 있으므로 소프트웨어 서비스 개발 영역인 CMMI-DEV를 다루도록 하겠다.

---

4   실제 CMMI에 의하면 특수목적, 일반목적에 따라 특수 결과물, 일반 결과물로 정의한다. 하지만 이 책에서는 간편함을 위해서 하나의 목적으로 표시했다.

3.2 클라우드 서비스 개발과 CMMI-DEV

1장에서 클라우드는 API를 통해 리소스를 만들 수 있게 해주는 IT 서비스라고 정의했다. 그런 의미에서 본다면 클라우드 서비스 개발은 일반적인 IT 서비스와 다른 부분이 전혀 없다. 일반적인 IT 서비스 개발에 필요한 모든 절차와 방법을 다 적용할 수 있어야 한다. 그래서 IT 서비스나 디지털 제품을 개발하기 위해 조직의 능력을 개선시키는 CMMI-DEV를 클라우드 서비스 개발에 적용할 수 있다.

CMMI 연구소가 말하는 CMMI-DEV를 적용했을 때의 주요 장점은 다음과 같다.

- **개발 시간 개선**: 새로 개발하는 일이 거의 없이 제품과 서비스를 빨리, 효율적으로 개발할 수 있게 해준다.
- **품질**Quality **향상**: 결함이 없는 제품을 상시적으로 만들 수 있도록 제품 개발 품질을 향상시킨다.
- **비용 절감**: 개선된 계획, 스케줄링, 예산관리를 통해서 비용을 절감시킨다.
- **조직적 민첩함 추구**: 비용은 절감하고, 매출은 증대시킴으로써 제품과 서비스를 빠르고, 효과적이고, 지속적으로 만들 수 있게 한다.

아마 CMMI-DEV가 추구하는 것이 모든 소프트웨어 개발 회사가 추구하는 것일지도 모른다. CMMI가 2.0이 나오면서 기존의 3개의 카테고리를 모아 1개의 모델로 통합됐다고 1절에서 이야기 했었다. 통합된 모델은 그림 3-2와 같다. 실행, 관리, 활성, 개선이라는 4개의 카테고리, 품질보증부터 성능개선까지의 10개의 역량영역Capability Area, 요구사항 개발·관리부터 성능 관리 및 측정까지 29개의 실행영역PA5, Practice Area 으로 나눠졌다. 그리고 기존에 없었던 연속성, 동료 검토 등을 추가해 애자일하게 개발하는 실태를 잘 반영했다. 그림 3-2에 표시된 전체 분야에서 개발과 관련된 부분만 별도의 색깔로 나타냈다.

이 영역만 따로 모아서 정리하면 개발과 관련된 조직, 빌드/배치 전략, 릴리즈, 데이터

---

5   버전 1.3에서의 PA는 Process Area를 의미했다. 버전 2.0부터는 기존에 Process Area라는 용어를 Practice로 바꿔서 프로세스 자체보단 실행을 더 강조했다.

관리, 테스트 및 검증, 그리고 정보 및 리포팅 영역으로 그림 3-3과 같이 구분할 수 있다.

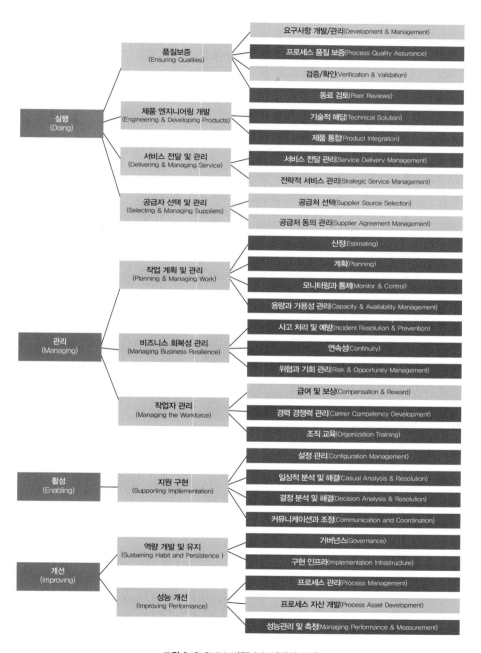

그림 3-2 CMMI 버전 2.0 기반의 모델

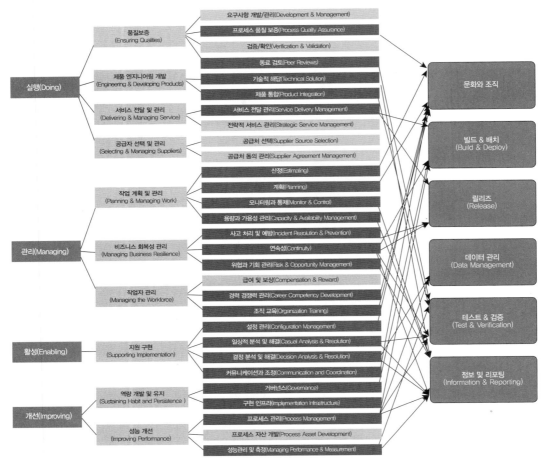

그림 3-3 CMMI 2.0과 실제 개발에 필요한 요소와의 결합

클라우드 서비스 개발에 필요한 영역을 5개의 간단한 카테고리로 다시 묶었다. 그리고 이 카테고리별로 성숙 단계는 다음과 같이 나눈다.

3.2.1 문화와 조직

지속 가능한 개발환경을 만드는 게 가장 중요한 것이 아마도 문화와 조직일 것이다. 또 중요한 사실은 이러한 개발환경이 영향을 미치는 것이 문화와 조직이다.

- **초기 단계**: 대부분의 조직이 초기 단계다. 백로그^{Backlog}에 있는 일의 우선 순위를 매겨서 일을 하기 시작한다. 기초적인 문서로 정의된 프로세스만 존재하고, 개발자는 소스코드 관리시스템에 커밋^{commit}을 주로 남긴다.
- **관리 단계**: 팀은 여러 프로젝트와 조직에 걸쳐서 경험을 가지게 되고 개발에 테스트를 포함함으로써 각 조직 간의 경계를 없앤다. 여러 개의 백로그가 하나로 통합되고 다른 팀에서의 버그가 자신에게도 영향을 끼치는 상황을 만나게 된다. 이때 기본적인 애자일 개발 방법을 도입해서 갈등 상황을 최소화한다.
- **정의 단계**: 협업이 더 광범위하게 일어나며, 그로 인해서 더 많은 조직으로부터 조언을 서로 받는다. 그동안 각자 이뤄졌던 프로세스가 통합되고, 개발/버그/신규 기능 등이 같은 방법을 통해서 실제 서비스에 배포된다. 결정 자체가 팀으로 분화돼 있고, 컴포넌트⁶간의 오너쉽^{ownership}이 잘 정의돼 있어서, 각 팀은 지속 가능한 제품과 프로세스 개선을 위한 개발을 마음껏 계획할 수 있다.
- **양적 조절 단계**: 팀은 변경된 부분이 실서비스까지 반영될 수 있다는 것에 확신을 가진다. 지속적인 개선을 위한 구조가 정착돼, 다른 팀에 자동화와 툴을 제공하는 팀이 조직된다. 그리고 프로젝트의 기능 릴리즈와 실제 배치가 분리된다(이전에는 릴리즈와 배포가 연결돼 있고, 테스트가 완벽하지 못해서 릴리즈 후에 바로 배치되지 않으면 제품이 제대로 동작하기가 어려웠다). 이런 분리를 통해 개발자는 기능 개발에 더욱 집중할 수 있고, 비즈니스쪽은 릴리즈만 신경쓰면 된다.
- **최적화 단계**: 아주 큰 규모의 변화를 만들어내기 위해 각 기능을 하는 팀이 독립적으로 동작한다. 아주 짧은 개발 기간과 성숙돼 있는 전달 파이프라인을 통해, 문제가 생기면 롤 포워드^{Roll-forward}형태⁷로 개발을 진행한다.

---

6 버그가 생겼을 때 이전 버전으로 바꾸는 것이 아니라(롤백, Roll-back) 재빠르게 패치를 개발해서 새로운 버전으로 배포하는 것을 말한다.
7 마이크로서비스라고도 한다.

3.2.2 디자인과 아키텍처

제품의 디자인과 아키텍처는 지속적인 개발에 큰 영향을 미친다. 만약 제품이나 시스템이 지속적인 전달^{Continuous Delivery}과 빠른 릴리즈를 염두에 두고 개발했다면 개발 과정 전체가 부드러워지고, 오류가 있을 경우 빠르게 부분적인 재설계를 하면서 진행할 수 있다. 전체적인 시스템 재설계는 대부분의 조직에서 잘 받아들여지지 않는 방식이므로 지속적인 변경이 가능한 디자인과 아키텍처로 개발한다.

- **초기 단계**: 대부분의 조직은 하나 이상의 개발이나 빌드 릴리즈에 있어서 모놀리식 형태로 된 기존 시스템이 여러 개 존재한다. 이 단계에서 조직은 다양한 기술 스택과 플랫폼을 통합하려는 노력을 한다. 자동화를 통해 이런 파편화를 해결하는 것이 중요하다.

- **관리 단계**: 모노리식 구조의 시스템이 각 모듈로 분화된다. 모듈은 개발, 빌드, 배치에 있어서 더 좋은 구조를 만들 순 있지만, 아직 컴포넌트처럼 개별적으로 릴리즈는 불가능하다. 모듈 내의 의존관계를 자연스럽게 API를 통해 관리하는 방법을 사용하고, 서드파티 라이브러리를 관리할 때에도 자연스럽게 플러그인을 사용하게 된다. 이 단계에서는 데이터베이스 변경에도 버전을 부여하게 된다.

- **정의 단계**: 실제적이고 지속적인 통합을 위해서 추상화^{abstraction}와 은닉^{hiding}이 사용된다. 이전 단계에서의 모듈화는 분리해서 배치가 가능한 컴포넌트로 진화한다. 이 단계에서는 산재돼 있던 즉흥적으로 관리되던 애플리케이션과 실행 시 설정이 버전 컨트롤로 들어오게 되고 다른 코드처럼 애플리케이션의 일부로 취급된다.

- **양적 조절 단계**: 전체 시스템은 독립적인 컴포넌트로 분리되고 API를 기반으로 통신하도록 만들어져서 개별적으로 배치와 릴리즈가 가능해진다. 컴포넌트 기반의 아키텍처(독립된 컴포넌트와 개별적인 배치가 가능한 아키텍처를 의미한다)가 성숙됨에 따라 아주 짧은 개발주기로 자주 배포하는 것이 가능해진다. 이 단계에서는 실험적인 기능을 빨리 배포해 기대됐던 비즈니스 결과를 빨

리 모니터링하고 검증할 수 있으며 애플리케이션에서 비즈니스 수치를 추출해 그래프화해주는 기능이 중요해진다.

- **최적화 단계**: 컴포넌트 기반의 아키텍처에서 더 발전해서 공통적인 인프라 스트럭처를 제거한다. 그럼으로써 O/S부터 애플리케이션 계층까지 재구성이 자동으로 가능하게 된다. 이렇게 함으로써 장애복구 등과 같이 실제 환경을 그대로 재현해야 하는 부분에 있어서 복잡함과 비용을 동시에 줄일 수 있다. 별도의 동일한 환경을 미리 만들어 두는 대신에 최근 소스코드에서 다시 릴리즈 파이프라인을 가동하는 형태로 장애 복구를 하게 된다. 이때 가상화와 컨테이너가 아주 큰 유연함을 주게 된다.

3.2.3 빌드와 배치

빌드와 배치는 많은 소프트웨어와 자동화 툴이 필요하기 때문에 지속적인 개발에 있어서 중요한 영역이다. 처음 볼 때 성숙된 전달 파이프라인은 압도적이지만 현재의 빌드 배치 프로세스의 성숙도에 따라서 파이프라인은 더 또는 덜 복잡해질 수 있다.

- **초기 단계**: 코드는 버전관리가 되는 정도이고, 빌드는 스크립트로 이뤄지고, 지정된 빌드 서버에서 이뤄진다. 배치 프로세스는 수동이거나 수동작업을 다 기록한 스크립트에 의해 이뤄진다.

- **관리 단계**: 잦은 폴링^{polling} 기반 빌드를 실행하고 결과물^{artifact}은 의존성 관리를 편하게 하기 위해서 따로 보관된다. 태깅^{Tagging}과 빌드 버전은 구조화돼 있지만 수동이고 배치 프로세스는 문서, 스트립트, 툴을 통해서 표준화되기 시작한다.

- **정의 단계**: 빌드는 중앙의 소스 컨트롤 시스템에 의해 매 커밋마다 자동으로 이뤄진다. 태깅과 버전은 자동으로 생성되면 배치 프로세스는 각 환경에 걸쳐서 표준화된다. 결과물의 빌드 패키지 릴리즈는 한 번만 이뤄지고 각 환경에 맞춰 배치될 수 있도록 미리 디자인돼 있다. 표준 배치 프로세스는 데이터베이스 자동 변환을 비롯한 여러 가지의 자동화와 자동 설정을 포함해서

정의된다. 기본적인 전달 파이프라인이 소스 코드에서 바로 실 서비스로 갈 수 있도록 각 환경별로 존재한다.

- **양적 조절 단계**: 빌드 머신을 스케일 아웃^{scale-out}하고 병렬로 빌드 작업을 하게 해야 한다. 릴리즈 시에 유연함과 위험을 감소시키기 위한 자동화된 프로세스가 필요하다. 컨테이너와 오케스트레이터를 이때 적용하면 편해진다.

- **최적화 단계**: 모든 커밋이 자동으로 테스트되고 태깅되고 버전이 정해지고 최종적으로 실 서비스에 반영된다. 이 단계에서 코드로서의 인프라^{Infrastructure as a code} 가상화(가상머신, 컨테이너)를 적용하면 최적의 상태가 된다. 빌드 파이프라인이 빌드 결과물만 만드는 것이 아니라 가상머신과 컨테이너 오케스트레이터를 이용해서 기존의 머신을 제거한다.

3.2.4 테스트와 검증

ITIL과 CMMI에서도 테스트는 가장 중요한 소프트웨어 개발의 일부다. 그리고 사실 테스트가 지속적인 개발에 있어서 가장 주요한 부분이다. 개발의 다른 부분과 마찬가지로 이 영역에서도 툴과 자동화가 필요하다. 하지만 툴과 자동화를 늘이는 것보다 훨씬 중요한 것은 테스트 영역^{Test coverage}을 점진적이고 계속적으로 늘이는 것이다. 그래야만 애자일 개발에 있어서 개발 주기와 릴리즈 배치를 짧게 가져가더라도, 개발 조직이나 비즈니스 조직에서 해당 제품에 확신을 가질 수 있다. 테스트는 개발 초기 때 단순히 요구사항 반영 검증 정도로만 사용되지만 최종적으로는 특징적인 릴리즈마다 비즈니스 가치를 확인할 수 있는 기능도 포함돼야 한다.

- **초기 단계**: 개발팀이나 조직은 유닛 테스트 정도만 실행하고, 개인 개발환경 외에 한두 개 정도의 테스트 환경이 있다. 시스템 레벨이나 통합 테스트는 오래 걸리고 지루하기 때문에 다른 조직에서 이뤄진다. 이 기간 동안에 개발팀은 오랜 테스트를 이유로 개발을 중단한다.

- **관리 단계**: 빠른 피드백과 더 광범위한 테스트를 위해서 그동안 수동으로 진행되던 테스트의 일부를 자동화하기 시작한다. 정확한 테스트를 위해서 개발된 컴포넌트는 실 서비스에서도 테스트가 돼야 하지만, 이 단계에서는 가상의 목업^{mocked-up} 환경을 주로 사용한다.

- **정의 단계**: 관리 단계에서는 유닛테스트보다는 더 넓고 많은 컴포넌트를 통한 통합^{Integration Test} 테스트를 진행하고 있지만 DB와 같은 외부의 의존성을 해결하기 위해 여전히 목업 환경을 사용한다. 통합 테스트와는 별도로 자동화된 수용 테스트^{Acceptance Test}를 시작한다. 통합 테스트가 특정 컴포넌트 중심이라면, 수용 테스트는 여러 컴포넌트와 여러 환경에 걸친 테스트를 의미한다.

- **양적 조절 단계**: 자동화된 수용 테스트를 진행한다. 이 단계에서부턴 수용 한계를 DSL^{Domain Specific Language}과 같은 형태로 요구사항 결정 단계에서 자동으로 입력하게 한다. 테스트 결과가 요구사항에서 개발 언어로 표기된 한계를 넘지 못하면, 해당 테스트는 자동으로 실패로 처리되는 형태를 추구하게 된다. 그리고 자동 테스트 시스템에는 테스트 커버리지 외에도 코드의 품질을 개선시킬 수 있는 새로운 기법이 실험적으로 적용된다. 예를 들면 자동 성능 테스트나 보안성 검사가 이때 실험적으로 시도된다.

- **최적화 단계**: 코드의 품질만 보는 것이 아니라, 테스트를 통과한 코드의 변경이 최종적으로 비즈니스에 어떤 영향을 미치는지 확인할 수 있다. 특징적인 기능이 배포된 후의 지표의 변화를 확인할 수 있어야 한다. 여기서는 주요한 2가지의 가정이 있다. 바로 비즈니스와 연결된 지표가 수치적으로 미리 정의돼 있어야 한다는 것과 그 수치의 변화를 수집 · 비교할 수 있는 장치가 있어야 한다는 것이다.

3.2.5 정보와 리포팅

정보는 간결하고 비즈니스와 연관돼 있고 적절한 시기에 제공돼야만 지속적인 개발을 유연하고 적절한 수준으로 유지할 수 있다. 사용자를 위해서는 비즈니스 요구사항이 반영된 개발/릴리즈 정보가 제공돼야 하고, 지속적으로 개발 프로세스와 시스템을 개선하기 위한 정보 역시 측정돼야 한다.

- **초기 단계**: 현재 프로세스에 대한 기본적인 측정 기준을 가지는 것이 중요하다. 그래야 우선 측정하고 지속적으로 관찰할 수 있다. 이 단계에서는 리포팅이 수동으로 이뤄지며 개발 기간, 전달 시간, 릴리즈 횟수/핫픽스 개수, 장애 횟수, 릴리즈당 피처 개수, 테스트당 버그 개수 등의 정보가 포함된다.

- **관리 단계**: 어떤 부분에서 개선이 이뤄지고 있는지, 개발을 통해 원하는 결과가 나왔는지 추적할 수 있다. 이 단계에서는 리포팅에 코드의 정적 분석[8] 결과를 주기적으로 제공해서 개선이 필요한 부분을 바로 결정할 수 있다.

- **정의 단계**: 특정 개념 이를테면 '컴포넌트가 뭐지?', '요구사항이 컴포넌트와 변경사항에 어떻게 연결돼 있지?'와 같은 추상적인 질문에 대한 공통적인 정보를 전달할 모델이 만들어진다. 자동 빌드 · 배치뿐만 아니라 릴리즈 노트와 테스트 계획 같은 정보도 자동으로 구성된다. 자동 리포팅 시스템이 각각의 빌드 · 릴리즈와 연결돼 시간에 따라 보여지기 때문에 프로세스 플로우나 용량과 같은 설계변수를 조정할 수 있는 결정적인 정보를 제공한다.

- **양적 조절 단계**: 제품이나 서비스는 잦은 릴리즈를 사용해서 특징적인 기능을 배포한다. 제품과 서비스는 이미 비즈니스와 연관된 측정 기준에 대해서 리포팅을 하고 있는 상태이기 때문에 개발 단계와 릴리즈 · 배치에 따른 변화가 실시간 그래프로 제공돼 시간에 걸친 경향 변화를 확인할 수 있다. 정적 분석 테스트이외에 테스트 커버리지 그리고 각 테스트 간의 제품이나 서비스의 프로파일을 보기 시작한다.

---

8 정적 분석(static analysis)은 코드의 문법상의 오류나 개발 명세서 상의 규칙준수/완결성/적절성/일관성을 확인하는 방법이다.

- **최적화 단계**: 셀프서비스에 필요한 정보가 동적으로 제공된다. 각각의 목적에 따른 대시보드도 제공되기 때문에 각 영역에서의 정보를 쉽게 조합해서 분석할 수 있다. 이런 정보를 기반으로 지속적인 개선에 대한 영역을 확대시킬 수 있고, 변화에 따른 비즈니스적인 결과도 예측/확인할 수 있다.

이번 절에서는 클라우드 서비스 개발에 필요한 부분을 CMMI-DEV 기준으로 각 영역별로 나눠봤고, 각 영역이 진화해 가는 과정을 CMMI 기준의 5단계로 나눠 살펴봤다. 무엇보다 중요한 것은 각자의 상황을 냉철히 분석하고 각 단계를 밟아 나가되, 모든 영역이 골고루 발전해야 한다는 것과 이 과정은 시간이 생각보다 오래 걸린다는 것이다.

3.3 클라우드 개발과 클라우드 네이티브 개발

2015년에 등장한 단어가 몇 개 있는데, 그 중 하나인 컴포넌트라는 용어가 마이크로서비스$^{Micro\ Service}$라는 용어로 대체되고 있다. 1장에서 IT 서비스의 정의에 대해서 설명했으니 마이크로서비스는 해당 서비스를 아주 작게 만드는 것이라고 생각하면 되겠다. 또 새로운 단어는 클라우드 네이티브$^{Cloud\ Native}$다. 기존 온 프레미스와는 달리 퍼블릭 클라우드 환경을 기반으로 애플리케이션을 만들거나 운영할 때 클라우드 네이티브라고 한다. 예를 들면 직접 MySQL 데이터베이스를 설치하고 운영하는 대신 퍼블릭 클라우드에서 제공하는 MySQL as a Service로 제공되는 관리형 MySQL을 사용한다는 의미다. 단어가 주는 의미의 차이를 위해 이런 단어를 사용하는데, 문제는 이게 잘못된 관념을 심어 주기에 적당하다는 것이다.

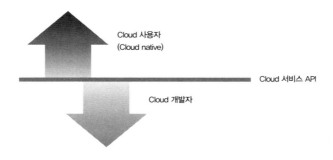

Cloud 사용자
(Cloud native)

Cloud 서비스 API

Cloud 개발자

그림 3-4 클라우드 개발자와 클라우드 네이티브 개발자의 일반적인 개념

그림 3-4를 보면 클라우드 서비스 API를 기준으로 클라우드 사용자(즉 클라우드 네이티브 사용자)와 클라우드 개발자로 분리돼 표시된다. 그리고 각 영역에서 쓰는 도구나 개발 방법이 다른 것처럼 이야기되는 것이 문제라고 생각한다. 즉 클라우드 네이티브 개발자와 클라우드 개발자가 서로 다른 존재고, 구분이 가능하고, 배경 지식이나 필요 기술이 다르다고 생각한다는 것은 아주 큰 오류를 범하고 있다는 것이다.

클라우드 개발과 클라우드 네이티브 개발이 구분이 가능하다는 것 자체가 오해다. 그림 3-5를 보면 알겠지만, 클라우드 서비스 A를 개발하는 사람이 자신의 서비스 중의 일부를 클라우드 서비스 B의 것을 사용하고, 반대로 클라우드 서비스 B 개발자는 클라우드 서비스 A를 사용해 클라우드 서비스 B를 개발한다. 이런 일이 발생하는 것 자체가 문제라고 할 수 있지만, 이렇게 생각해보자. 클라우드 서비스 A는 MySQL 클라우드^{As A Service}, 클라우드 서비스 B는 테스트에 많이 활용되는 Jenkins를 클라우드로 제공하는 Jenkins 클라우드^{As A Service}라고 생각해보자.

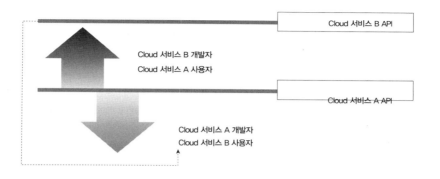

그림 3-5 클라우드 서비스 개발과 클라우드 네이티브 개발자 간의 실제 연관관계

MySQL 클라우드 서비스 API의 테스트를 위해서는 Jenkins가 반드시 필요하다. 그래서 Jenkins 클라우드를 통해 Jenkins를 생성한다. Jenkins 클라우드는 자신의 서비스 API에 DB가 필요하기 때문에 MySQL 클라우드를 통해 DB를 생성한다. 어떤가? 꼭 필요한 서비스를 위해 결국은 서로가 서로에게 연결될 수밖에 없다.

그럼 누가 클라우드 네이티브로 개발하고, 누가 클라우드로 개발하는가? 이렇게 연결된 것을 혼돈이라고 생각한다면(대부분의 조직이 그러하다), 혼돈을 피하기 위해서 같은 팀에서 서로 다른 2개의 서비스를 유지한다고 하자. 서비스 자체를 유지하고 개선하기 위한 도메인 지식이 서로 다르기 때문에 같은 팀에 있어봐야 시너지가 나지도 않고 팀 리더의 경우 자신의 지식 복잡도만 올라가기 때문에 팀 전체적으로 결코 성과가 좋아지지 않는다. 그래서 클라우드 개발이냐 클라우드 네이티브 기반이냐를 구분하기 전에 자신의 조직에서 관리하고 있는 리소스나 IT 기능을 어떻게든 API로 만들어 두는 것부터 시작해야 하는 이유가 여기에 있다. API로 서비스(아직도 서비스가 뭔지 모르는 사람은 1장을 다시 읽어보기 바란다)를 제공하는 것만이 클라우드화되고도 조직의 기능을 유지할 수 있는 (거의 유일한) 방법이다.

API의 기능 자체는 CMMI를 통해서 지속적으로 개선하고, 다른 서비스 API가 API의 기능에 전적으로 의존하되 컨테이너(또는 다른 형태의 애플리케이션 결과물)와 오케스트레이터로 API 서비스를 유지하는 것이 바로 내가 이야기하고 싶은 클라우드다. 2장에서 사용한 클라우드 콘셉트 그림을 다시 한번 들여다 보자. 여기서 각종 API를 사용하는 사람을 개발자라고 표시했기 때문에 흔히 이야기하는 애플리케이션 개발자라고만 생각할 수 있다. 클라우드 API를 직접 개발한다면 결국 그림 1-6에서의 각 서비스 API 개발자들도 SDK/프레임워크/오케스트레이터/포털 등을 통해 자신의 또다른 클라우드 서비스를 만들고 개선시켜 나간다.

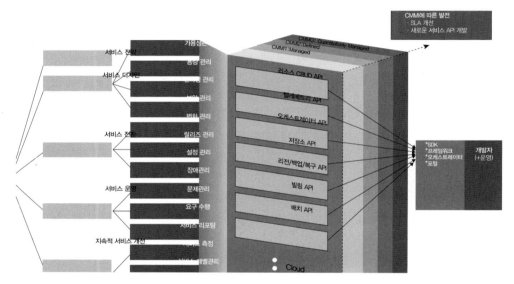

그림 3-6 ITIL/CMMI를 조합한 클라우드 개념도

3.4 정리

3장에서는 CMMI가 무엇이고 어떻게 조직과 개인의 역량과 성숙도를 끌어올려서 결론적으로 클라우드를 전체적으로 도입할 수 있는지에 대한 내용을 간략하게 설명했다. 각 성숙도 단계별로 일반적인 개발의 단계와 그 다음 단계로 나아가기 위한 방법을 5개의 영역에 걸쳐서 설명했다. CMMI를 꼭 적용하던 아니던 클라우드 개발이나 사용에 있어서 가장 중요한 부분은 바로 지표를 설정하고 관리하는 것이다.

그리고 최종적으로는 이 지표를 비즈니스 요구사항에 맞추는 것이고, 그렇게 돼야만 클라우드는 비즈니스에서 빼놓을 수 없는 전략적 파트너가 될 수 있다. 2부에서는 한 모바일 채팅 회사의 클라우드 개발 시스템의 구성을 기반으로 클라우드 서비스 개발의 실제 모습과 진화를 설명하겠다. 이때 나오는 대부분의 콘셉트와 기술은 꼭 클라우드가 아니라 일반적인 개발에서도 충분히 활용할 수 있다. 다음 절부터는 CMMI/ITIL을 기반으로 점진적으로 클라우드 컴퓨팅을 확산시키는 방법을 설명할 것이다.

The Execution

1부에서는 ITIL과 CMMI를 설명했다. ITIL이 먼저인지, CMMI가 더 중요한지는 여전히 갑론을박이 진행되고 있다. 더군다나 ITIL도 3.0버전이 나오고 CMMI 2.0버전이 나오면서는 많은 영역에서 비슷한 용어와 방식이 등장하고 있다. 하지만 내 생각에는 ITIL보다 좀 더 넓은 범위의 추상화에 적합하고, CMMI는 해당 추상화를 점진적으로 실현하는 데 적합하다고 생각한다.

2부에서는 좀 더 실제적인 이야기를 하려고 한다. 1부에서 이야기한 것들이 추상적이고 개념적인 부분이 많기 때문에 지금부터는 내가 있던 조직에서의 변화를 어떤 식으로 만들었는지를 설명할 것이다. 이 글을 쓰고 있는 현재 내가 근무하고 있는 곳은 가입자 2억 5천 만의 메신저와 2위의 포털을 서비스하고 있는 회사다. 입사하고 처음 만든 것은 깃허브(github)에 올라오는 커밋, 푸시, 메시지를 카카오톡으로 전달해주는 githubproxy였고, 두 번째로 만든 것이 kfield(https://github.com/kakao/kfiled)라는 IaaS클라우드 개발 프레임워크다. 현재 내가 근무하는 조직에 합류하면 무조건 이 프레임워크를 사용해야만 한다. 2부 전체에서 이 프레임워크를 통해 어떻게 개발 팀을 구성하고, 다양성을 통합시키고, 지속적으로 발전가능하게 만들었는지에 대해서 설명하겠다. 이렇게 만들어진 개발 모델은 이후의 텔레메트리 클라우드, 컨테이너 오케스트레이터 등에도 동일한 패턴으로 적용되고 있고, 효율적인 개발팀과 서비스를 만드는 데 큰 도움이 됐다.

(04)

클라우드 서비스 개발환경 만들기

클라우드 서비스를 만들기 위한 개발환경 만들기에 대해서 설명한다. 여기서 설명하는 방법은 클라우드 서비스 개발이 아니더라도, 일반적인 서비스 개발에도 충분히 적용 가능한 방법이다. 서비스 개발환경은 기존의 개발자가 자신의 개발환경을 다시 만들거나 신규 인원이 팀에 들어왔을 때 늘 동일한 환경에서 개발할 수 있도록 해줘야 한다. 4장에서는 다음과 같은 내용을 설명한다.

- 클라우드 서비스 개발환경이 갖춰야 하는 특징과 요소
- 카카오 kfield를 통해 보는 클라우드 개발환경 자동 구성 방법

4.1 클라우드 서비스 개발환경의 특징 및 요소

클라우드 서비스 개발환경의 특징을 몇 가지로 정리하면 다음과 같다.

- 클라우드 네이티브한 툴을 사용한다.
- 언제든 재현 가능해야 한다.
- 최대한 자동화돼 있어야 한다.

- 상사성^{similarity}이 있어야 한다.

클라우드 서비스 개발을 위한 환경인 만큼 최대한 클라우드 서비스를 활용해야 한다
(3장에서도 이야기했지만, 클라우드 네이티브 개발과 클라우드 개발의 차이를 나는 인정하지 않는
다). 만일 클라우드 서비스를 쓸 수 없는 상황이라면, 클라우드 서비스를 사용하도록
나온 툴이라도 사용해야 한다. 혹시 물리 환경을 쓸 수밖에 없는 상황이라면 그 물리
환경을 조정하는 툴이나 라이브러리는 클라우드 네이티브 툴을 사용해야만 한다. 그
리고 개발환경 구성의 특징은 언제든 재현 가능해야 한다. 누가 환경을 설정하든 숙
련도의 차이 없이(물론 시간차는 있을 수 있다) 재현할 수 있어야 한다.

만일 누군가가 개발환경을 구성하려고 했는데 문제가 발생했다면 그 문제를 항상 해
결해서 상시적으로 준비돼 있어야 한다. 그리고 개발환경 구성은 자동화돼 있어야
한다. 한두 번의 명령어나 클릭만으로 아무리 복잡한 서비스도 자동으로 개인의 워
크스테이션이나 클러스터에 구성될 수 있어야 한다.

개발환경은 실서비스 환경과 거의 동일해야 한다. 물론 실서비스 환경과 규모 면에
서는 차이가 있을 수밖에 없지만, 규모만 작을 뿐 실제 서비스를 구성하는 컴포넌트
를 사용하는 라이브러리, 인스턴스, 버전, 배치 형상들은 동일해야 한다.

클라우드 서비스 개발환경의 요소는 그림 4-1과 같이 4가지다.

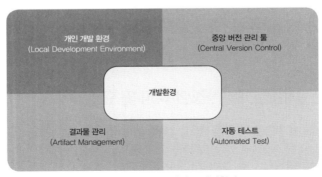

그림 4-1 클라우드 서비스 개발환경

- **개인 개발환경**: 샌드박스라고도 불리는 이 분야는, 클라우드 서비스 개발에 참여하는 모든 개인이 마음대로 다룰 수 있는 개발환경이 필요하다. 그리고 개인 개발환경은 최대한 실서비스 환경과 비슷해야 하고 앞서 이야기한 것처럼 최대한 자동으로 구성돼야 한다.

- **중앙 버전 관리 툴**: 개별 개발자가 각자의 환경을 통해 만들어낸 코드를 중앙에서 버전 관리를 해줄 툴이 필요하다. 현대의 IT는 더 이상 혼자 모든 것을 만들어 낼 수 없고 더 큰 문제는 서비스가 계속됨에 따라서 같이 개발하는 사람이 점점 더 많이 필요하다는 것이다. 그럴 때 이 중앙버전 관리 툴이 아주 큰 도움이 된다. 중앙 버전 관리 툴은 어떤 것이든 상관없다. 요즘 유행하는 Git도 괜찮고, svn도 괜찮다. Git을 사용하는 사람은 브랜치 전략이나 병합[merge] 전략[1]을 이야기하기도 하지만 중앙 버전 관리 툴로 지속해서 개발하려면 2가지 원칙이 필요하다. 먼저 큰 이변이 없는 한 'push'를 사용하지 않는다. Git 기준으로 이야기하면 자신이 만든 변경사항을 중앙에 반영할 때 'git push xxx'와 같이 바로 밀어 넣을 수 있다.

  문제는 이렇게 할 경우 기존에 다른 사람이 이미 마스터 브랜치에 작업 해둔 것이 없어지고 자신이 올린 내용으로 변경된다는 데 있다. 그럼 중앙에 반영하려면 어떻게 해야 하나? 바로 'pull request'다. 줄임말로 pr(피알이라고 읽는다)이라고 쓰기도 한다. 중앙에서 소스를 관리하는 누군가에게 내가 변경한 것을 당겨[pull] 달라고 요청[request]한다는 의미다. Git 명령어로는 'git pull-request xxxx'[2]를 사용한다.

  그리고 여기서 두 번째 원칙이 필요하다. 첫 번째 원칙에서 변경사항은 pull-request를 사용한다고 했다. 거꾸로 이야기하면 pull request를 보고, 누군가는 그 변경사항을 당겨야 한다는 의미다. 이때 자기가 만든 변경사항을 자기가 당겨 갈 수 없게 하는 게 두 번째 원칙이다. 다른 사람이 변경한 코드를 끌

---

[1] 브랜치와 병합에 전략이 있다는 게 놀라울 수도 있지만 특히 병합할 때 그 이벤트를 받아서 바로 배치가 되도록 했다면 큰 문제가 생길 수도 있기 때문이다.

[2] Git 기본 명령어에는 pull-request란 옵션이 없다. github.com/hub라는 툴을 사용하고 Git 명령어 대신 alias로 hub를 걸어서 사용해야 한다.

어 당겨서 서비스 코드에 반영해야 한다. 과연 여러분은 다른 사람이 수정한 코드를 저장소에 포함시킬 수 있겠는가? 만일 그 코드가 내가 원하는 스타일 대로 작성돼 있지 않다면? 혹시 내가 파악할 수 없는 로직 때문에 버그가 생길까 걱정되는 게 있다면? 그래서 원칙이 하나 더 필요하다. 바로 무조건 변경사항은 최대한 많은 테스트를 거친 다음에 pull-requst를 보내야 한다는 것이다.

- **자동 테스트**: 앞에서 이야기한 중앙 버전 관리에서 나온 '변경사항은 최대한 많은 테스트를 거친 다음에 pull-request'를 보내야 한다고 했다. 그런데 사람이 한두 명도 아니고 몇 십 명 정도 되고 소스코드 량도 많아서 한번 테스트할 때 3~4일 정도 걸리면 어떻게 될까? 일일이 사람 손으로 하기에는 불가능하다. 자동으로 언제든 테스트가 가능한 시스템이 있어야 한다. 그렇지 않으면 '중앙 버전 관리'도 '개인 개발환경'도 다 의미가 없다. 당연히 테스트 시스템은 병렬로 수행이 가능해야 하고, 유닛 테스트부터 통합 테스트까지 파이프라인을 계속 만들어야 하지만, 이것보다 더 중요한 원칙이 있다. 그건 바로 '모두의 코드를 테스트해야 한다'라는 것이다. 부서장이라고, 선임이라고 해서 테스트 없이 통과되는 모습이 한 번이라도 보이면 안 된다. 그럼 모든 사람들이 테스트 자체를 하지 않으려 하고 대신 직위를 얻으려 하기 때문이다.

- **결과물 관리 시스템**: 병합이 끝난 소스를 빌드해서 병합 시점을 기록한 형태로 바이너리와 같은 결과물을 저장하고 유지하는 시스템을 말한다. 병합 시점은 대개 버전이나 태그Tag 등으로 나타낸다. 가장 대표적으로는 자바의 메이븐maven의 결과물을 저장하는 넥서스[3]가 대표적이다. 현대에는 결과물을 컨테이너로도 많이 저장하기 때문에 도커 레지스트리가 이 역할을 대신 하기도 한다. 대표적으로 카카오에서 만든 d2hub(https://github.com/kakao/d2hub)이 오픈소스로 공개돼 있다.

---

3 https://www.sonatype.com/nexus-repository-sonatype

클라우드 서비스를 만들기 위한 툴을 살펴봤다. 읽으면서 이미 느꼈을 수도 있지만, 반드시 클라우드 서비스용으로만 이런 개발환경이 필요한 것이 아니다. 이 책에서 계속 이야기하는 것이지만, 클라우드 서비스 개발과 일반 개발과의 차이는 전혀 없기 때문이다. 다만 문제는 이런 것을 갖춰야 소프트웨어를 개발할 수 있는데 그걸 뼈저리게 느끼고 있는 사람이 적을 뿐이다. 왜냐하면 이런 환경을 갖추려면 구성원도 구하기 어렵지만 비용도 생각보다 더 들기 때문이다.

물론 이런 환경을 갖추지 않고서도 얼마든지 소프트웨어 제품이나 서비스 개발은 가능하다. 하지만 서비스의 종류가 다양해지고, 범위가 넓어지고 기능이 다양화됐을 때 갖추려고 하면 비즈니스의 속도는 너무 빨라져 있고, 복잡성은 더 높아졌기 때문에 정비를 할 여유가 없다.

4.2 카카오 클라우드 개발 프레임워크 kfield

카카오에 합류하면서 가장 처음 만들고, 5년이 지난 지금까지도 사용하고 있는 클라우드 개발 프레임워크인 kfield를 소개한다. kfield는 IaaS 전용으로 개발된 클라우드 개발 프레임워크로 여러 종류의 라이브러리로 이뤄진 프레임워크다.

> **NOTE**
>
> 프레임워크와 라이브러리의 차이는 명확하지 않다. 왜냐하면 둘 다 소프트웨어이기 때문이다. 이 단어의 차이는 제어 관점에서 봐야 한다. 애플리케이션을 개발하다가 필요에 의해서 사용되면 라이브러리이고, 애플리케이션이 프레임워크에 의해서 제어되면 그게 프레임워크다. 『토비의 스프링 3』 저자 토비는 라이브러리와 프레임워크의 가장 큰 차이는 '제어의 역전'에 있다라는 표현을 쓰기도 했다. 엄밀히 말하면 kfield는 제어의 역전까지는 되지 않는 아주 가벼운 프레임워크라고 생각할 수 있다.

Kfield는 크게 개발 토폴로지, 설정관리, 테스트 3가지 영역으로 구분된다. 이 프레임워크로 만들어진 목표는 표준화된 방법을 통해서 개인 환경을 구성해서 개발/테스트를 수행하고, 개발과 동일한 툴 셋을 통해서 프로덕션 시스템에 적용하는 것이다. 카카오 IaaS는 오픈스택openstack.org이란 오픈소스 IaaS 소프트웨어를 사용한다. 7장에서 더 자세히 설명하겠지만, 오픈스택의 기능상의 한계와 회사의 정책에 의해 상당 부분 특히 네트워킹 부분은 거의 대부분을 수정해서 사용하고 있다. Kfield는 이 오픈스택을 개발환경에 먼저 잘 설치하는 것을 목표로 하고 만들어져 있다. Kfield는 4개의 주요 소프트웨어 라이브러리로 구성돼 있다.

- **Vagrant**: 로컬머신이나 클라우드에 가상머신을 생성시켜주는 툴이다. Vagrant 용어로 provider라는 가상머신이나 클라우드용 드라이버를 설정해주면 간단하게 가상머신을 생성해준다.
- **Chef-Zero**: 카카오 IaaS는 주로 chef(https://www.chef.io/chef/)를 사용해서 설정관리를 자동화한다. 이후 장에서 좀 더 자세히 설명하겠지만, chef는 사용자들이 작성한 서버 설정 자동화 코드인 쿡북cookbook, 쿡북을 중앙에 저장하는 chef-server, 각 컴퓨팅 노드에서 사용자가 작성한 쿡북을 실행하는 chef-client, 사용자 툴인 knife로 이뤄져 있다. Chef 서버는 보안을 위해서 인증서 관리와 사용자 관리 등 복잡한 설정이 필요한데, 로컬환경에서 매번 세팅하기는 어렵다. Chef-Zero는 Chef 서버와 동일한 기능은 하지만 인증과 같은 기능은 제거해서 단순하게 만든 것이다. 로컬에서 개발할 때는 Chef-Zero에 레시피를 올리고 각 가상머신에서 쿡북을 실행한다.
- **Berkshelf**: Berkshelf는 chef 쿡북 간의 의존성을 분석해서 자동으로 맞춰 주는 역할을 한다. 이후에 더 자세히 설명하겠지만, chef 쿡북은 대부분의 경우 다른 chef 쿡북을 필요로 하는 경우가 많기 때문에 일일이 다운로드하기에는 너무 번거롭다. Berkshelf는 Chef 쿡북의 디펜던시dependency를 분석해서 자동으로 로컬에 다운로드하거나 chef 서버에 올려준다. Kfield는 Berkshelf를 사용해서 개발된 쿡북을 업로드하거나 로컬에 캐시 용도로 사용한다.

- **Kitchen**: chef로 구성된 서버나 인스턴스를 대상으로 쿡북을 실행하고 Inspec(https://www.inspec.io) Rspec(http://rspec.info), Bats(https://github.com/sstephenson/bats)와 같은 테스팅 프레임워크를 사용하고 결과를 알 수 있게 해주는 라이브러리다.

이후의 장에서 이 라이브러리를 사용해서 어떻게 IaaS를 만들어 가는지 설명하겠다. 자세한 실행 방법까지는 다루지 않겠지만 내부 구조를 더 자세히 보기 위해서 다음 명령을 사용해 다운로드한다.

```
$ git clone https://github.com/kakao/kfield.git
```

Kfield의 디렉터리 구조는 그림 4-2과 같다.

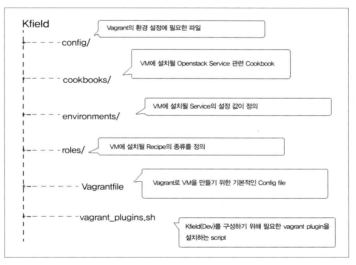

그림 4-2 Kfield 주요 디렉터리

Kfield는 주요 VM을 생성하기 위해서 Vagrant를 사용한다. Vagrant는 현재 디렉터리나 지정된 위치에서 Vagrantfile을 읽어서 이 파일에 정의된 대로 가상머신을 생성하고 배치한다. Vagrant와 Vagrantfile을 설치하기 앞서 Kfield가 생성하는 VM의 배치와 네트워크 연결 토폴로지를 먼저 설명하겠다.

4.3 kfield 개발 배치 형상

kfield는 카카오의 IaaS 서비스를 축소해놓은 형상을 가지고 있어 개발에 필요한 가상머신이 생각보다 많다. 개발 배치를 가상머신을 통해 물리적 형상을 모사한 것과 이것을 소프트웨어로 표현하는 방법을 설명한다. 물리 형상이라고 했지만 모두 가상으로 구현한 것은 잊지 말자.

4.3.1 kfield 물리형상

Kfield는 IaaS 구성을 위해 그림 4-3과 같이 9개의 가상머신과 2개의 가상 네트워크를 사용하도록 돼 있다.

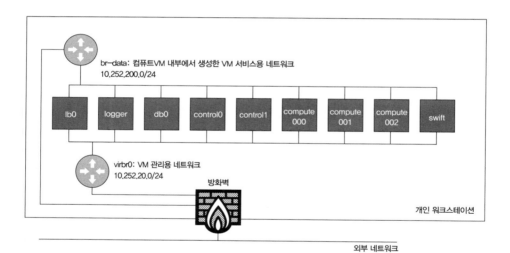

그림 4-3 Kfield 개발용 기본 형상

그림 4-3의 네모난 박스는 개인 워크스테이션에 생성한 가상머신이다. 예를 들면 compute000이라고 표시된 부분도 실제로는 가상머신이고, IaaS 서비스에 사용되기 때문에 최종적으로는 이 가상머신 안에서 사용자용 가상머신이 생성된다. 즉 nested vm(가상머신 안에 가상머신을 만드는 기술 또는 형태), KVM^kernel virtual machine의 경우 nested vm도 하드웨어 기반에서 지원하기 때문에 속도가 빠르다. 하지만 어디까지나 개발환경에서의 이야기일뿐, 실제 서비스 환경에서는 사용하지 않는 것이 좋다. kfield의 경우 개발자에게 개인 워크스테이션 1대를 지급해서 개발환경을 만들도록 했었기 때문에 이런 환경을 사용했다. 가상머신으로 클러스터를 만들기로 결정한 이유는 무엇보다도 비용 때문이었다. 개발자 1명당 지급해야 하는 개발머신만 따져도 22대 정도이고 네트워크 스위치, 라우터, 스토리지 등이 연구 개발 목적으로 필요하며 물리 장비뿐만 아니라 관리하는데 어려움도 상당히 많다. 각 가상머신의 용도는 다음과 같다.

- lb0: API 서버 이중화를 위해서 사용하는 로드 밸런서다. 가상머신 내부에 haproxy라는 소프트웨어 로드 밸런서를 설치하고, 백엔드 서버인 control0/control1로 연결하도록 설정한다. 이 설정 코드는 쿡북으로 만들어져 있고 쿡북을 통한 개발은 5장에서 설명한다.

- Logger: 각종 로그를 한곳에 모으는 서버다. 일레스틱 서치(elastic search, www.elastic.co)를 쿡북을 통해서 설치한다.

- db0: 오픈스택에서 각 API가 사용할 DB를 위한 DB 서버를 설치한다. 물론 이후에 쿡북을 통해 자동으로 설치한다.

- control0~1: 오픈스택 서비스용 API가 설치되는 서버다. 각 API가 설치되면 lb0에 이 정보들이 자동으로 업데이트 된다. 자세한 내용은 5장에서 설명한다.

- compute000~001: 오픈스택 컴퓨트 노드용 가상머신이다. 잘 설치되면 여기에 사용자용 가상머신과 네트워크가 생성된다.

- swift: 오픈스택에서 사용하는 오브젝트 스토리지 서비스인 swift가 설치되는

가상머신이다.

가상머신들의 구성 외에도 IaaS 서비스를 위한 네트워크도 설정해야 한다. kfield는 최대한 서비스 형상을 그대로 반영해야 했기 때문에, 실 서비스의 네트워크 구조를 그대로 가져왔다. 그림 4-3을 자세히 보면 가상머신에 네트워크가 2개씩 연결돼 있는 것을 알 수 있다. 간단히 살펴보자.

- **br−data**: 가상머신 안에 생성될 가상머신이 사용할 서비스 네트워크다. 그리고 br-data에 표시돼 있는 라우터는 각각의 컴퓨트 노드에서 올라오는 라우팅 정보를 받아서 서로 교환하도록 동작한다. kfield 네트워크의 자세한 설명은 7장에서 하도록 한다.
- **virbr0**: 가상머신의 제어나 가상머신 안의 오픈스택 api와 에이전트간 통신을 위해서 사용되는 네트워크다.

4.3.2 kfield 개발 형상을 코드로 작성하기

이렇게 다양한 종류의 가상머신과 네트워크를 소프트웨어로 만들어 줄 수 있는 라이브러리가 kfield 내의 vagrant다. vagrant는 'vagrant'라는 명령어로 실행하며, 실행 시에 같은 디렉터리나 지정된 위치에서 'Vagrantfile'을 읽어서 사용자가 지정한 형상을 만든다. 거꾸로 vagrant 사용자는 Vagrantfile에 원하는 형상과 네트워크 그리고 설치할 소프트웨어를 지정하면 된다.

Kfield에서 사용한 Vagrantfile을 설명하기 전에 vagarant 자체에 대해서 설명하겠다. Vagrant는 크게 box, provider, Networking, Provisioning 영역으로 구분된다. 즉 Vagrantfile에 이 4가지의 영역에 대해서 정의해주면, 정의해준 대로 동작한다.

- **box**: vagrant는 어떤 환경에서든(작업자 개인 환경 퍼블릭 클라우드 구분없이) 가상머신을 만들 수 있다고 설명했다. 그때 필요한 것이 바로 box다. box는 거의 모든 OS(linux, window 포함)에 대해서 그리고 거의 모든 클라우드나 가상머신을 위해서 이 box를 유지하고 있다. https://app.vagrantup.com/

boxes/search에서 자신의 목적에 맞는 box를 검색하면 된다. 그래서 box는 그냥 vagrant가 사용할 수 있도록 미리 만들어둔 이미지라고 생각하면 편하다.

- **Provider**: Provider는 box를 이용해 머신을 띄울 백엔드[backend]를 의미한다. 기본적으론 virtualbox(www.virtualbox.org)를 사용하도록 돼 있고, 세팅에 따라서 vmware, aws, openstack 등과 같은 클라우드를 사용할 수 있다.
- **Networking**: vagrant가 생성하는 가상머신에 접근할 수 있도록 네트워킹을 설정하거나 각 Provider에 따라서 프라이빗 네트워크를 생성하거나 NAT(Network Address Translation), Port forwarding을 설정할 수 있다.
- **Provision**: vagrant로 생성된 가상머신에 패키지를 설치하거나 애플리케이션을 설정해주도록 하는 기능이다. Provision에 사용될 수 있는 것은 쉘[shell] 스크립트로부터 설정 자동화용 프레임워크인 chef, puppet, ansible 등 다양하다. 그래서 자신이 자주 사용하는 자동화 코드와 연결하기 편하다.

Kfield에서 사용하는 Vagrantfile 전체를 보여주고 영역별로 설명하도록 하겠다.

파일 4-1 kfield용 Vagrantfile

```
1:     Vagrant.configure('2') do |config|
2:       # omnibus를 특정 사이트에서 다운로드해야 함. 버전을 변경하면 아래의 작업이 필요함
3:       # - omnibus package를 다운로드
4:       config.omnibus.chef_version = "12.4.1"
5:       config.omnibus.install_url = "http://ftp.yoursite.com/chef/install.sh"
6:       provider = (ENV['VAGRANT_DEFAULT_PROVIDER'] || :libvirt).to_sym
7:       provider_networks = (ENV['VAGRANT_PROVIDER_NETWORK'] || :"provider-network-
            default.json")
8:       json = open(File.dirname(__FILE__) + "/config/#{provider_networks}").read
9:
10:      puts "PROVIDER: #{provider.to_s}".pink
11:      case provider
12:      when :libvirt
13:        if (ENV['BERKSHELF'] || false )
14:          config.chef_zero.environments = "#{cfg_dir}/.json/environments/"
```

```
15:            config.chef_zero.data_bags = "#{cfg_dir}/.json/data_bags/"
16:            config.chef_zero.roles = "#{cfg_dir}/.json/roles/"
17:            config.berkshelf.enabled = true
18:          else
19:            config.berkshelf.enabled = false
20:          end
21:          provider_network = JSON.parse(json)["libvirt"]
22:          config.vm.box_url = "http://ftp.yoursite.com//vagrant/ubuntu/"+(ENV['UBUNTU_
              RELEASE'] || "trusty") + "64" + ".box"
23:          config.vm.box = (ENV['UBUNTU_RELEASE'] || "trusty") + "64"
24:          config.vm.provider "libvirt" do |vb|
25:            vb.graphics_ip='0.0.0.0'
26:            vb.management_network_address = provider_network["provider"]["management_
                network_address"]
27:            vb.management_network_mode = provider_network["provider"]["management_
                network_mode"]
28:            vb.management_network_name = provider_network["provider"]["management_
                network_name"]
29:            config.custom_action.config["provider_network"] = provider_network
30:          end
31:        when :openstack
32:          infra = ENV['VAGRANT_INFRA'] || 'config-openstack.rb'
33:          instance_eval(IO.read("#{cfg_dir}/config/#{infra}"))
34:        else
35:          puts "Not Implemented"
36:        end
37:
38:        infra = ENV['VAGRANT_INFRA'] || 'config-default.rb'
39:        instance_eval(IO.read("#{cfg_dir}/config/#{infra}"))
40:      end
```

4~5: 카카오의 IaaS를 준비하는 데는 chef를 사용한다고 했다. 그래서 가상머신에
chef client를 설치해줘야 한다. chef를 각 OS에 상관없이 설치할 수 있도록 해주는
기능을 담당하는 것이 chef-omnibus다. config.omnibus.chef_version은 설치해야
할 chef 버전을 설정하고 config.omnibus.install_url은 인스톨용 스크립트를 지정

한다. 이 기능이 동작하려면 vagrant-omnibus 플러그인을 설치해야 한다.

6: kfield에서 사용할 vagarnt용 provider를 지정한다. kfield에서는 기본적으로 libvirt를 사용해서 가상머신을 생성하도록 돼 있다. vagrant에서 provider를 지정하지 않으면 virtualbox를 사용하도록 돼 있는데 이걸 사용하지 않는 이유는 virtualbox는 하이퍼바이저의 특성상 가상머신을 만들면 무조건 NAT 디바이스가 추가로 생성돼서 외부 네트워크로 연결된다. 일반적인 경우라면 문제가 되지 않지만, kfield와 같이 내부의 네트워크를 복잡하게 사용하고 라우터 등을 추가로 사용하면 복잡해지는 이슈가 있다. 그리고 상사성 측면에서도 실제 서비스 장비는 2개의 네트워크만 지원하도록 돼 있다. 하지만 개발 가상머신은 불필요한 디바이스가 하나 더 생겨서 실제 환경 대비 예외처리가 들어가야 하기 때문에 코드가 또 복잡해지는 단점이 있다. 그리고 libvirt를 사용한 이유가 하나 더 있었는데, libvirt를 통해서 생성한 네트워크 모드 중에 route 모드가 있었기 때문이다. 매니지먼트 네트워크용으로 할당한 네트워크를 가상머신 안에서가 아니라 워크스테이션의 호스트에 접근하기 위해선 이 기능이 필요했었다.

7~8: 네트워킹을 지정하는 옵션이다. 그림 4-3에 표시된 2종류의 네트워크를 생성하는 설정파일을 지정한다. 이렇게 지정하면 vagrant 명령어를 실행하는 디렉터리 아래의 config 디렉터리에서 provider-network-default.json 파일을 읽어서 json이란 오브젝트에 저장한다. 해당 파일의 내용은 다음과 같다. 파일 4-2의 4~7부분은 관리용 네트워크를 설정한다. 이름은 virbr0, 모드는 route, ip 주소는 10.252.20.0/24를 사용한다. 두 번째 네트워크의 이름은 br-data이고 네트워크는 10.252.100.0/24 대역을 사용하는 것을 알 수 있고 ovs$^{open virtual switch}$를 사용하며, vlan은 100을 사용하는 것을 알 수 있다. ovs를 사용한 이유는 vlan을 프로그래밍적으로 지원하는 가상 스위치는 ovs밖에 없기 때문이었다.

11: kfield는 libvirt뿐만 아니라 다양한 provider에서 동일하게 구성하길 원했기 때문에 각각의 provider별로 별도의 옵션을 넣을 수 있게 했다. 그 중 대표적인 경우가 31라인의 오픈스택 provider이다. kfield를 사용해서 다시 오픈스택을 설치해서 빠

르게 구성하는 것인데, 시연이 빠른 테스트를 위해서 만든 옵션이다.

22~23: kfield에서 사용할 vagrant용 box 정보다.

24~29: kfield에서 사용할 management 네트워크와 provider_network 정보를 입력한다. 7~8라인에서 생성한 오브젝트에서 libvirt 항목만 꺼내서(21라인) vagrant에서 지정한 management 네트워크 항목과 provider_network 항목에 각각 정해준다.

38~39: 여러 개의 가상머신을 한꺼번에 띄우기 위해서 VAGRANT_INFRA라는 환경변수를 입력 받는다. 그렇지 않은 경우 config-default.rb라는 파일을 vagrant 명령어가 실행되는 디렉터리의 config 디렉터리에서 찾아서 실행한다. VAGRANT_INFRA가 지정하는 파일에 인프라 구성을 위한 설정이 저장돼 있다.

파일 4-2 kfield 네트워크 설정용 파일(provider-network-default.json)

```
1:        {
2:         "libvirt" : {
3:          "provider" : {
4:            "management_network_address" : "10.252.20.0/24",
5:            "management_network_name" : "virbr0",
6:            "management_network_mode" : "route"
7:          },
8:       "vm_sta
9:
10:      …
11:
12:    rt_ip_address" : 11,
13:          "mode" : "ovs",
14:          "ifaces" : [
15:            {
16:              "name" : "br-data",
17:              "ip" : "10.252.100.1",
18:              "netmask" : "255.255.255.0",
19:              "vlan" : "100"
20:            }
```

kfield의 Vagrantfile은 그림 4-2에서 표시한 것처럼 필요한 설정을 주로 config 디렉터리에서 참조한다. 자세한 호출 관계를 그림 4-4에 표시했다. 전체 개발 형성의 네트워크 셋업을 위해서는 파일 4-2와 같이 네트워크 정보가 담긴 provider-network-default.json을 호출해서 오브젝트를 생성하고, 배치 설정 정보를 참고하기 위해서는 config-default.rb를 호출한다. config-default.rb는 배치에 사용할 가상머신의 종류와 사양 그리고 chef 쿡북리스트의 정보를 vms-default.json에서 읽어온다.

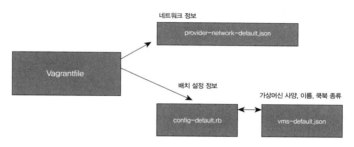

그림 4-4 kfield Vagrantfile 호출 순서

vms-default.json의 파일 중 일부를 예로 들어서 설명하겠다.

파일 4-3 vms-default.json 파일 중 일부

```
1:      {
2:        "vms": {
3:          "lb0.stack": {
4:            "memory": 1024,
5:            "run_list": [
6:              "role[openstack-api-loadbalancer]"
7:            ]
8:          },
9:          "logger.stack": {
10:           "memory": 2048,
11:           "cpus": 2,
12:           "run_list": [
13:             "role[base]",
```

```
14:            "recipe[java::default]",
15:            "recipe[curl::default]",
16:            "role[logstash_server]",
17:            "recipe[kibana]",
18:            "recipe[kibana::apache]"
19:            ]
20:        },
```

2: vms는 vagrant에서 사용할 가상머신의 리스트를 저장하는 json 객체다.

3~8: 가상머신의 이름과 사양(cpu수, 메모리양) 그리고 쿡북의 리스트를 지정한다. 이 예제에서 lb0.stack은 가상머신의 이름이고 cpu는 특별한 설정이 없으므로 1개, 메모리는 1024MB다. 'run_list'는 쿡북 안에 있는 recipe와 recipe의 모음인 role을 지정한다. 예를 들면 이 가상머신이 생성되고 나서 가상머신 내부에 설치된 chef 클라이언트가 chef 서버에 'role[openstack-api-loadbalancer]'이란 role을 요청한다. 만일 chef 서버에 해당 recipe나 role이 없으면 에러를 발생하고 chef 클라이언트는 종료한다.

9~20: logger.stack이란 가상머신을 만든다. 메모리는 2048MB, CPU는 2개다. 이 서버에 elastic search, logstash, kibana를 설치하기 위해서 각각 role[logstash_server], recipe[kibana], recipe[kibana:server]를 실행한다. recipe[A:B]로 표시된 것은 A쿡북에 있는 B recipe를 실행한다는 의미이고, 쿡북은 여러 개의 recipe를 가지고 있을 수 있다. 그리고 default recipe는 생략할 수 있다.

만약에 kfield에서 생성하는 가상머신의 cpu/memory를 조정하고 있으면 이 파일을 수정하면 된다.

이렇게 정의된 vms-default.json 파일을 config-default.rb에서 json 객체로 읽어들여서 사용한다. config-default.rb 파일의 주요 부분만 발췌해서 보도록 하겠다.

```ruby
 1:    vms.map do |name, param|
 2:      config.vm.define name.to_sym do |box|
 3:        box.vm.hostname = name
 4:        if param.key? 'forward'
 5:          param['forward'].each do |f|
 6:            host, guest = f.to_s.split ':'
 7:            config.vm.network :forwarded_port, guest: guest, host: host, auto_correct:
                 true
 8:          end
 9:        end
10:        networks.call box
11:        cpus = (param['cpus'] || 1)
12:        vm_config.call box, cpus, param['memory']
13:        # copy kakao apt_list
14:        copy_hosts = "cp #{File.join('/vagrant/',"/utils/#{ENV['UBUNTU_
             RELEASE']||'trusty'}-sources.list")} /etc/apt/sources.list && sudo apt-get
             clean && sudo apt-get update"
15:        box.vm.provision :shell, :inline => copy_hosts
16:        box.vm.provision :shell, :inline => 'sudo ln -sf /usr/share/zoneinfo/Asia/
             Seoul /etc/localtime'
17:        box.vm.provision :shell, :inline => 'sudo apt-get install -y vim curl'
18:        box.vm.provision :chef_client do |chef|
19:          chef.environment = param['environment'] || 'devel'
20:          chef.custom_config_path = './config/disable_ohai_plugin.chef'
21:          chef.run_list = param['run_list']
22:          json_attr=Hash.new
23:          if param.key? 'json'
24:            json_attr = json_attr.merge(param['json'])
25:          end
26:          chef.json = json_attr.merge(vagrant_attrs)
27:        end
28:      end
29:    end
```

1: Vagrant는 다수의 가상머신을 그룹화해서 생성하는 기능이 없다. 그래서 만일 가상머신의 배치가 바뀌거나 하면 일일이 가상머신에 대한 정보를 늘어뜨려서 적어주는 수밖에 없다. 이것이 불편해서 카카오에서는(나는) 가상머신 사양과 런리스트 정보는 json으로 빼내고, json에 의해 정의된 가상머신별로 vagrant 설정은 공통화하고자 했다. 라인 1에 표시된 vms는 그림 4-4에 표시된 vms-default.json 파일로 생성한 json 객체인데, 이 객체를 기준으로 루프를 돌면서 가상머신을 생성하는 방법으로 중복을 피했다. 이렇게 하지 않으면 각 가상머신별로 2~29라인까지의 설정이 들어간 아주 긴 vagrantfile이 생성되기 때문이다.

10: 앞서 생성된 provider_network json 객체를 사용해서 management network 외에 provider network를 하나 더 생성하도록 network라는 함수를 호출한다. 이 함수는 config-default.rb 파일 앞부분에 정의돼 있다.

12: 각 provider에 맞는 옵션으로 가상머신의 cpu/memory를 설정하기 위해서 vm_config라는 함수를 호출한다.

18: 각 가상머신이 vms-default.json에 정의된 쉐프 쿡북을 통해 설정될 수 있도록 provision 항목에 chef_client를 표시한다. 그리고 chef_client가 실행되는 데 필요한 chef.enviroment(빌드, 프로덕션 등과 같은 environment를 표시하는 옵션이다. 쿡북을 만들 때 이 환경변수에 따라서 다른 동작을 하도록 코드를 작성할 수 있다. 5장에서 자세히 설명할 것이다), chef.run_list 등을 json 객체의 값으로 지정한다.

Vagrant의 문법과 루비의 문법에 맞게 Vagrantfile과 나머지 파일이 모두 작성됐으면 'vagrant status'를 통해 확인할 수 있다. 그리고 'vagrant up' 명령어를 실행하면 여러 개의 가상머신을 쉽게 한 번의 명령어를 통해서 생성할 수 있다.

vagrant는 hashicorp(www.hashicorp.com)라는 회사에서 만든 개발환경 자동화를 위해 만들어진 소프트웨어다. 그리고 같은 회사에서 만든 terraform이라는 코드로서의 인프라(Infrastructure as a code)를 위해서 만들어진 소프트웨어도 있다. vagrant는 virtualbox, libvirt, vmware와 같은 하이퍼바이저를 기반으로 먼저 만들어진 반면, terraform은 기본 provider를 aws와 같은 퍼블릭 클라우드를 기반으로 해서 vagrant 이후에 만들어진 제품이다. 시작은 그러했지만, 현 시점에서 보면 vagrant도 퍼블릭 클라우드(멀티로)를 지원하고, terraform도 하이퍼바이저를 지원한다. 즉 2개의 소프트웨어가 비슷해지고 있다. 그렇기 때문에 vagrant를 쓰면 코드로서의 인프라가 아니고 terraform을 쓰면 맞다와 같은 이분적인 구분은 더 이상 큰 의미가 없다.

kfield를 통해서 개발환경을 자동으로 구성하는 방법에 대해서 기본적인 설명을 마쳤다. 지금까진 가상머신을 여러 개 만드는 수준이었지만 가상머신을 여러 개 만드는 일련의 복잡한 과정 중에 매뉴얼에 맞춰서 진행되는 것은 하나도 없었다.

9개의 VM 정도는 손으로 만들 수 있다고 생각할 수도 있다. 그런데 만일 생성해야 하는 가상머신이 22개라면?(카카오 내부에서 실행되는 kfield는 가상머신 22개로 이뤄져 있다).

혹자는 이런 이야기를 할 수도 있다. 'kfield 같은 툴을 하이퍼바이저가 아닌 물리환경에서 여러 대를 조합해서 사용하는 실제 서비스 환경으로 확장시킬 수 없다'라고 말이다. 그러면 나는 이렇게 이야기한다. 안 되는 원인이 kfield 같은 프레임워크에 있다면, 프레임워크를 고치면 된다. 그런데 프레임워크가 실행되는 플랫폼이나 물리환경이 이슈라면? 너무 거창하지 않게 그 플랫폼과 물리 환경도 이슈에 맞춰서 변경할 수 있어야 한다.

4.4 CMMI-DEV 관점에서의 kfield 단계

4장까지의 IaaS 프레임워크를 CMMI 관점에서 보도록 하겠다. 3장에서 이미 CMMI-DEV의 관점과 각 단계의 특징에 대해서 설명했기 때문에 여기서는 4장에서는 좀더 실제적인 수준에서의 개발 프레임워크를 설명하겠다.

4.4.1 문화와 조직 관점에서의 단계

지속 가능한 개발을 하기 위해서는 여러 사람들이 모인 조직 또는 팀이 있어야만 하고 그 팀의 수준을 끌어올려야 한다고 설명했다. 4장까지 개발된 kfield는 문화 조직 관점에서는 이제 '초기 단계'에 적용하기 적합하다. kfield라는 프레임워크로 지금 할 수 있는 것은 적절한 수의 인스턴스를 만들고 거기에 아주 기본적인 세팅을 해서 깔끔한 기본 환경을 제공할 수 있다.

여기에서 기능을 발전시키기 위해서는 계속해서 관련있는 개발을 진행해야 하는데, 이것을 회사의 업무 관리시스템에 등록하고 하나씩 추가해야 한다. 조직 내에서 그리고 조직 간에서도 '우리가 클라우드를 위해서 뭘 해야 하지?'라는 질문이 나온다면 이제는 'kfield에 이런 기능을 만들어야 합니다'라는 식으로 이야기를 시작할 수 있다. 관련된 논의를 계속 해 나갈수록 해당 서비스에 필요한 또는 추가돼야 하는 기능이 백로그에 남겨진다. 개발 그룹은 한정된 리소스로 일을 해내기 위해서 우선 순위를 매기고 하나씩 개발하게 되고, 개발의 결과로 나오는 소프트웨어는 제품의 소스코드 관리 시스템에 하나씩 추가되는데 아직 자동 테스트가 없기 때문에 가장 제품의 콘셉트와 기능을 잘 이해하는 사람이 수시로 검토해야 한다.

이 과정에서 가장 중요한 것은 일단 제품과 관련된 코드와 디자인 관련된 자료를 중앙화되고 공유된 저장소를 기준으로 개발을 시작하고 저장소에 이력(history라고도 부른다)을 쌓는 것이다.[4] 그래야만 제품이 흘러가는 방향을 관련된 사람들이 같이 이해할 수 있다. 필요하면 여기에 README와 같은 간단한 설명을 넣기도 하고, 복잡한 설명이 필요한 경우는 그림/위키/워드 문서를 첨부해서 사람들이 볼 수 있도록 해야만 같이 이해할 수 있다. 그렇지 않으면 무엇을 하는지 잘 모른다.

이 단계에서의 고민과 개발도 반드시 개발 이력 시스템에 남겨야 한다. 초기 단계의 완전한 제품은 아니지만 어쨌든 회사나 조직의 목표에 따른 '일'을 하는 것이기 때문에 반드시 남겨야 한다.

---

4 소스코드를 이렇게 관리해주는 저장소를 형상 관리도구라고도 한다.

이렇게 기록을 남기는 조직 문화가 초기 단계라 할지라도 어쨌든 기록은 남겨야 한다. 대부분의 개발그룹이 이 과정에서 느슨하게 하려고 한다. 이를 테면 '개발이 바쁘니까, 과정을 남기는 건 어느 정도 만들고 할게요(또는 하세요)'라고 말한다. 물론 일이 바쁘고 가야 할 길이 구만 리 같이 느껴져서 한 줄의 코드라도 더 넣고 싶은 건 이해가 간다. 하지만 개발을 일로 한다면, 일의 근거를 남기는 것을 개발 코드로 대체 하는 것은 나중에 더 큰 혼란을 일으킨다. 현재 어떤 일을 하고 있냐?라고 물었을 때 '무슨 모듈의 무슨 기능을 만들고 있습니다'라고 서로 이해하는 것이 아니라 '어떤 목표나 문제를 해결하기 위해서 어떤 기능을 만들고 있습니다'라고 서로 이해할 수 있어야 한다.

일의 근거를 남기는 데 가장 편리한 제품은 이슈트랙킹 또는 티케팅 시스템이다. 오픈소스이고 무료 제품을 사용하고 싶다면 redmine(http://www.redmine.org), mantis(http://www.mantisbt.org), trac(http://trac.edgewall.org) 정도를 사용하면 되고 유료 제품을 사용할 수 있다면 jira(https://www.atlassian.com/software/jira)를 사용하면 된다. 개발자나 개발팀이 티케팅 시스템에 뭔가를 기록하는 것을 어렵게 느낀다고 알려져 있다(흥미로운 사실을 개발자한테 설문조사들을 해보면, 실제로 이걸 까다로워한다고 생각하는 사람의 비중은 전체의 10% 내외긴하다). 하지만 의외로 티케팅 시스템의 사용법은 간단하다. 자신의 결과물을 중앙소 관리 툴에 올릴 때 티케팅 시스템에서 나오는 티켓 번호를 넣어주면 개발자가 별도의 기록을 하지 않아도 대개의 경우 티케팅 시스템에서 해당 코드가 자동으로 추적된다.

그리고 일을 무조건 티켓화하는 것이 중요하다. 이 티켓이 없으면 일을 하지 않는 것으로 간주하고 티켓을 종료하면 하나의 업무가 종료된 것으로 합의하는 형태로 일의 시작과 끝을 서로 명료히 하는 것이 중요하다.

4.4.2 디자인과 아키텍처 관점에서의 단계

IT 서비스를 민첩하게 개발하기 위해서는 적당한 규모로 분리시키는 것이 중요하다고 했다. 이 관점에서 보면 kfield는 기존에 인프라 스트럭처라고 불리던 부분을 코드를 통해서 분리했다. vagrant라는 툴의 provider가 바로 이 부분을 의미한다. 현재까지의 코드는 기본 인프라 스트럭처가 libvirt와 kvm이라는 환경이지만, 이 provider만 변경하면 어디든 동일하게 자신이 만든 환경을 그대로 구성할 수 있다. 물론 provider에 따르는 옵션은 조금 수정해줘야 하지만 이 부분은 별도의 컨피그 파일 등으로 대체하는 형태로 적용할 수 있다. 그리고 클라우드를 사용하든, 클라우드를 만들든 이 과정에서 자신들의 환경에 대해서 좀 더 고민하는 계기가 된다. 어떤 이야기냐면 '특정 클라우드에서는 이 기능은 이런 식으로 지원하고, 이 기능은 이렇게 지원하는 데 우리 환경에서는 어떤 식으로 해야 할까?'라는 물음이 자연스럽게 나오게 된다는 것이다. 당연히 하나의(또는 통일된) 툴/프레임워크로 일을 진행하는 것이 훨씬 더 효율적이기 때문에 자신이 가진 툴로 전체 데이터 센터나 리소스를 관리하고자 하기 위해 고민하고 이 과정에서 vagrant라는 툴이 가져와야 하는 데이터를 어떤 식으로 확보하고, 그 데이터를 어떻게 API화해서 자동으로 가져올 수 있을지를 고민하게 된다.

여기서 필요한 데이터를 확보하기 위한 프로그램화를 또 고민해야 하는데 사실 이 부분이 vagrant를 사용하는 것보다 훨씬 더 힘들다. 어떤 정보를 어떻게 기존 환경에서 가져오는가를 고민하다 보면 자연스럽게 정보의 계층화 또는 레벨(공개 수준, 성능 수준)을 API 레벨에서 고민해야 하고 그러다 보면 또 아주 자연스럽게 인증authentication과 권한관리authorization를 API 레벨에서도 고민할 수밖에 없다.

회사 내에서 공통 인증체계가 있으면 사용해도 되지만 그렇지 않으면 새로 만들어서 사내의 공통 API 프레임워크로 만들어야 한다. 하지만 대부분의 회사는 고객접점이 있는 제품을 만드는 데는 이런 인증/사용자 권한 관리를 아주 심각하게 고민하지만 내부 컴퓨팅 리소스 관리에는 큰 고민을 하지 않는다. 그런 상황이 생기더라도 대개 컨설팅 회사와 계약을 한 후에 엔터프라이즈 관리 제품을 사서 해결한다. 이렇게 하더라도 당장의 문제는 발생하지 않는다.

하지만 이런 제품을 도입하다 결국 더 많은 복잡성이 생기게 된다. 복잡성은 결국 운영비용의 증가로 이어지기 때문에 표준화를 고민해야만 한다. 만일 내부 인프라를 클라우드와 하고 싶다면 CMDB^{Configuration Management DataBase}를 만들어야만 한다. CMDB는 리소스와 관련된 모든 정보를 API를 통해 조회 · 수정 · 생성이 가능하도록 만들어진 데이터베이스다. 결국 이것이 있으면 5장에서 설명할 인프라 자동화 또는 IaC^{Infra as a Code}가 훨씬 더 잘 동작할 수 있다.

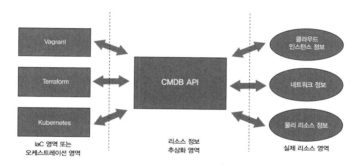

그림 4-5 CMDB, IaC, 실제 리소스 영역의 관계

그림 4-5에 CMDB와 IaC 리소스간의 관계에 대해서 설명했다. CMDB API를 기준으로 실제 리소스와 IaC 또는 오케스트레이션 영역을 분리할 수 있는 것을 확인할 수 있다. 리소스 정보의 추상화를 해두면 그 아래쪽의 실제 리소스 영역은 아주 쉽게 분리될 수 있고 추상화될 수 있다. API로만 조회가 가능하면 되기 때문에 어떤 리소스가 아래에 있는지 신경 쓸 필요가 없기 때문에 간단하게 하이브리드 클라우드도 관리할 수 있다.

리소스의 종류에 관계 없이 API로만 관리가 가능해지기 때문에 리소스 관리성은 증대된다. 그래서 클라우드에서 가장 중요한 핵심 컴포넌트를 꼽으라고 하면 이 CMDB를 잘 만드는 것이다. 그렇게 해두면 vagrant, terraform 아니면 요즘 인기를 끌고 있는 쿠버네티스(https://kubernetes.io)도 쉽게 사용할 수 있다. 초기 단계에서 오히려 CMDB에 대해서 더 자세히 설계하고 만드는 것이 그 다음 작업을 진행할 때 큰 도움이 된다.

4.4.3 빌드와 배치 관점에서의 단계

vagrant와 libvirt와의 조합으로 된 형태의 kfield는 아직 완전히 초기 상태이기 때문에 소프트웨어 제품이 가지고 있는 특성상 빌드 즉 바이너리를 만드는 과정은 없다. 다만 각 소프트웨어의 버전에 따라 서로 호환이 안 될 가능성이 높기 때문에 버전 관리만 잘 해두면 된다. 특히 vagrant-libvirt 플러그인은 ruby, libvirt, kvm, vagrant라는 4개의 주요 버전에 의해 영향을 받기 때문에 이들 간의 버전 관리를 잘하는 것이 중요하다. 그리고 아직 초기이기 때문에 배치도 어렵게 하기보다는 자동화하는 것이 중요하다.

물론 vagrant 자체가 'vagrant up'이라는 명령어를 통해서 모든 인스턴스를 자동으로 생성할 수 있고 아직은 각 머신 간의 생성 순서에 따른 의존성이 없기 때문에 별도의 배치를 고려할 필요는 없다. 하지만 이후 자동 설정 부분이 들어가면서부터는 서로간의 의존성이 발생하기 때문에 자동으로 각 머신을 만들 수 있도록 자동 스크립트를 만들어야 한다. 아주 간단하게 다음과 같이 설치용 스크립트(start.sh)를 만들었다.

파일 4-4 kfield 자동 배포용 파일(start.sh)

```
1:      #!/bin/bash
2:      berks install
3:
4:      vagrant up db0.stack --no-provision
5:      vagrant up --no-provision
6:
7:      vm=( db0.stack control0.stack control0.stack lb0.stack control0.stack compute000.
        stack )
8:
9:      for i in ${vm[*]} ; do
```

```
10:         vagrant provision $i
11:     done
```

파일 4-4를 살펴보면 2라인은 5장에서 설명할 쉐프용 의존성 관리 패키지인 berks를 통해 필요한 쉐프 플러그 인을 설치하는 것이다. 4~5라인은 필요한 가상머신을 'vagrant up'으로 생성하는데, 생성하면서 설정은 하지 않는 '--no-provision'이란 옵션을 줬다. 이럴 경우 가상머신만 생성하고 설정은 하지 않는다. 7라인을 보면 생성할 각 가상머신의 이름을 배열에 집어 넣고 for 루프로 vagrant provision을 실행해서 db0, controller, lb순으로 필요한 설정을 배치하도록 만들었다.

4.4.4 테스트와 검증 관점에서의 단계

아직은 가상머신을 생성해주고 필요한 설정은 거의 하지 않는 '초기' 단계이기 때문에 vagrant의 실행 메시지만으로도 테스트와 검증이 가능하다. 3.2.4절에서 초기 단계에서 설명한 유닛테스트는 실행하지 않아도 된다. 다만 다음 단계로 가기 위한 테스트의 종류와 방향에 대해 고민을 하면서 어느 정도 수준이면 전체가 만족할 만한 수준인지를 논의해야 한다.

'지금은 start.sh를 실행했을 때 아무 에러 메시지가 없는 것으로 만족하자'와 같이 간단하게 공유하고 진행해도 된다. 하지만 앞으로도 계속 이것이 유효할지는 논의해 봐야 한다. 왜냐하면 start.sh와 같은 자동화 스크립트로 에러 화면 없이 잘 실행됐다 할지라도 거기에 설치된 소프트웨어가 잘 실행되지 않을 수도 있기 때문이다. 테스트에서 제일 중요한 원칙은 '우리가 신뢰할 수 있느냐?'로 기준을 맞추기만 해도 '초기' 단계에서는 충분하다.

4.4.5 정보와 리포팅 관점에서의 단계

아직은 자동화된 테스트도 없기 때문에 정보를 추출해서 리포팅하기도 어렵다. 다만 이후에 테스트가 어느 정도 생성되면 그것을 기반으로 정보를 보여주면 된다.

4.5 정리하기

4장에서는 클라우드 서비스 개발에 필요한 요소를 설명했다. 대표적인 예로 카카오에서 오픈한 kfield를 예로 들어 설명했다. 4장의 설명은 조금 복잡했지만 간단하게 설명하면 클라우드 서비스 형상을 잡는 아주 간단한 자동화였다. 5장에서는 이 형상 위에 실제로 클라우드 서비스를 자동으로 구성하는 방법을 설명하겠다.

05

클라우드 서비스 구성 자동화하기

5장에서는 4장에서 만든 서비스 형상을 기반으로, 클라우드 서비스 구성을 자동화해서 올리는 방법을 설명한다. 그리고 서비스 구성 자동화 툴의 기본적인 내용과 특징을 사용해서 구성 자동화를 완성시키는 방법을 설명한다.

- 서비스 구성 자동화 프레임워크 chef 소개
- Chef 쿡북 이해하기
- 카카오 Kfield를 통해보는 클라우드 개발 환경 자동 구성
- 서비스 디스커버리^{Discovery}를 chef로 만들기

5.1 서비스 구성 자동화 프레임워크 chef

chef는 오픈소스 서비스 구성 자동화 프레임워크다. chef는 크게 chef 서버, chef-client, knife라는 사용자 툴로 구성된다.

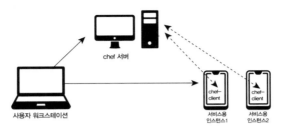

그림 5-1 chef 구성 프레임워크 아키텍처

- **Chef 서버**: 사용자나 관리자가 knife 툴을 사용해서 저장한 쿡북이나 런리스트를 저장한다. chef-client가 실행되는 시스템의 사양(아키텍처, os, cpu, 디바이스 정보)을 chef-client로 전달받기 때문에 간단한 CMDB[Configuration Management DataBase][1]로 사용할 수도 있다. 역시 실행된 쿡북이나 런리스트의 결과를 chef-client로부터 받아서 저장한다. 이 정보를 질의할 수 있어서 시스템 검색으로도 사용할 수 있다.

- **Chef-client**: 서비스를 구성하기 위해서 인스턴스나 서버에서 직접 실행되는 chef 클라이언트 툴을 말한다. knife에 의해서 미리 정해진 쿡북이나 런리스트를 수행하고 결과를 chef 서버에 전달한다. 정해진 chef 서버와 통신하기 위해서 인증서를 서로 교환해서 보안성을 강화하고, chef 서버는 이 리스트를 관리한다.

- **knife**: chef 프레임워크의 사용자 툴이다. 사용자는 knife를 사용해서 완성된 쿡북을 chef 서버에 업로드하거나 필요한 쿡북을 쉐프 서버나 퍼블릭 저장소[2]에서 다운 받을 수 있다. 그림 5-1과 같이 서비스용 인스턴스에 접근해서 간단한 작업을 할 수 있다.

---

1 CMDB는 데이터 센터를 구성하는 모든 엔티티의 내용이 들어가 있는 데이터베이스를 말한다. 소프트웨어 정의 데이터 센터에서 가장 중요한 요소 중 하나이다. 중앙에서 전체의 시스템의 메타 정보를 가진 데이터베이스가 있어야만 자동화하기가 편해지기 때문이다.
2 chef는 supermarket(https://supermarket.chef.io)이라는 퍼블릭 쿡북 저장소를 운영하고 있다.

간단하게 chef 구조를 설명했으니, chef에서 실제로 자동 구성을 해주는 자료구조를 살펴보겠다.

- **environment**: chef에서 각 배포 환경을 구분하기 위해서 사용하는 자료구조다. 여기엔 각 환경 별로 다른 값을 미리 저장할 수 있다. 파일 형태로 작성하고 json이나 ruby 파일 형태로 작성하고, chef 서버에 저장해서 각 chef-client가 사용할 수 있게 한다.

파일 5–1 chef enviroment 파일

```
 1:      >more devel.rb
 2:      name "devel"
 3:      description "OpenStack development environment"
 4:      cookbook_versions
 5:
 6:      default_attributes(
 7:        :omnibus_updater=>{
 8:          :kill_chef_on_upgrade => false,
 9:          :disabled  => true
10:        }
11:      )
12:
13:      override_attributes(
14:        :chef_client => {
15:            :server_url => "https://chef.stack",
16:        },
17:        :openstack => {
18:          :debug => {
19:              :global => true,
20:          },
21:          :api_server => 'devel-api.your.com',
22:          :database => {
23:              :hostname => 'db0.stack',
24:              :use_managed_database => false,
25:          },
```

2라인을 보면 이 파일에서 정의한 환경의 이름은 'devel'임을 알 수 있다. 이 정보를 바탕으로 이후 작업에서 knife를 통해 검색과 편집을 할 수 있다. 이 environment 파일에 저장된 내용은 이후 작업에서 쿡북이나 런리스트에서 사용하는 값이다. 6라인에 보면 default_value, 13라인에는 override_attribute가 정의돼 있다. 여기서 정의된 값을 이후 작업에서 쿡북이나 롤Role에서 사용한다.

- **쿡북**: 자동화를 하는 코드가 있는 파일을 말한다. 쿡북은 "knife cookbook create'쿡북 이름'"으로 생성한다. 생성한 쿡북의 디렉터리 구성은 다음과 같다. 이번 예제에서는 쿡북 이름을 'webserver'로 한다.

```
$knife cookbook create webserver
```

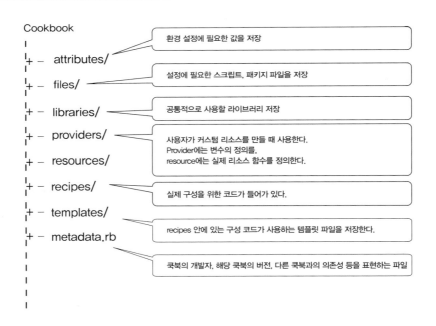

그림 5-2 쿡북의 디렉터리 구조.

- **attributes**: 구성과 관련된 속성값을 저장한다. 기본 값, 초기 URL 등을 루비의 해시맵^{hashmap}이나 JSON 형태로 저장한다.

- **files**: 구성할 때 필요한 파일을 저장한다. 스크립트, 바이너리 패키지, 패치파일을 보관한다.

- **library**: 쿡북 내에서 공통으로 사용하거나 해당 쿡북을 사용하는 다른 쿡북이나 롤에서 사용할 수 있는 함수를 보관한다.

- **resource / provider**: chef가 제공하는 리소스(패키지 설치 등) 외에 새로운 리소스를 만들 때 사용되는 정보를 저장한다. Reousrce 디렉터리에는 여러 action[3] 속성, 변수명이 지정되고, Provider에는 실제 동작을 구현하는 형태로 새로운 리소스를 정의할 수 있다.

- **recipes**: 쿡북에서 실제로 설정을 담당하는 루비 스크립트를 보관한다. 이 디렉터리에 있는 파이를 레시피^{recipe}라고 한다. 이 디렉터리에는 루비로 작성된 1개 이상의 레시피가 저장된다.

- **templates**: 루비 ERB로 작성된 템플릿 파일을 보관한다. 데이터에 따라 동적으로 속성이 달라질 때 사용할 템플릿 파일을 여기에 저장한다.

- **metadata.rb**: 쿡북 자체에 대한 정보를 포함하는 루비 파일이다. 쿡북의 이름, 작성자, 라이선스, 쿡북이 가지고 있는 레시피, 그리고 이 레시피가 의존성을 가진 다른 쿡북의 정보가 들어가 있다. 쉐프 서버는 metadata.rb를 사용해서 쿡북의 정보를 파악한다.

5.1.1 Chef 레시피와 롤

레시피 루비 스크립트는 쿡북 디렉터리에 정의된 attribute, resource, template이나 이미 정의된 chef resource를 사용해서 서버나 인스턴스의 구성을 자동화한다. chef가 제공하는 기본 resource는 대부분 멀티 플랫폼과 멱등성^{idempotent}을 보장하지

---

3 어떤 상황이든, 어떤 플랫폼이든, 어떤 순서에서 동작하든, 동일한 결과가 나오는 특성을 말한다.

만, 직접 작성한 레시피가 이런 특성을 지원하려면 상당한 코딩 노력과 스킬이 필요하다.

간단히 리눅스의 각 OS별로 아파치 서버를 설치하는 레시피를 예제로 살펴보겠다.

파일 5-2 chef 레시피 샘플 파일(webserver/recipes/default.rb)

```
1:      package 'Install Apache' do
2:        case node[:platform]
3:        when 'redhat', 'centos'
4:          package_name 'httpd'
5:        when 'ubuntu', 'debian'
6:          package_name 'apache2'
7:        end
8:      end
```

1: chef에서 제공하는 package 리소스를 사용해 패키지를 설치한다. 이 리소스는 'Install Apache' 이름으로 등록된다. 다른 리소스를 사용한다고 해도 같은 이름을 가지면 안된다.

2: package 리소스는 멱등성을 가지고 있어서, 어떤 OS를 불문하고 패키지를 설치할 수 있다. 다만 아파치 서버의 패키지 이름이 각 OS별로 다르기 때문에 OS를 구분할 수 있는 정보가 있어야 한다. node[:platform]은 chef-client가 실행될 때 ohai라는 내부 플러그인에 의해 설정되는 OS 정보다. 이 정보를 사용해서 각 환경을 구분한다.

3~6: 각 OS별로 패키지 이름을 다르게 지정해준다.

아주 간단하게 서버에 패키지를 구성하는 방법을 설명했다. 레시피가 다 완료됐으면, 이제 필요한 노드에서 해당 쿡북과 레시피를 실행할 차례다. 작성된 쿡북은 'knife cookbook upload' 명령을 사용해 chef 서버에 올린다.

```
$ knife cookbook upload webserver -o ./
```

더 많은 chef 리소스는 해당 웹페이지(https://docs.chef.io/resource.html)에서 확인하자.

chef에서 사용되는 롤^{role}이란 간단하게 말하면 레시피의 세트다. 파일 5-2와 같이 아주 간단한 구성 설정이면 하나의 레시피 안에 모든 것을 다 넣어서 할 수 있지만, 실제로는 아주 간단한 앱 서버도 최소한 2(언어 설치, 자신의 앱 설치)개의 설정은 필요하다. chef는 롤을 사용해 다양한 레시피 세트를 하나의 목적을 위해 사용할 수 있다. role 역시 루비 스크립트나 JSON 형태로 정의할 수 있다.

아파치 웹 서버와 파이썬으로 구성된 서버를 가정하고 런리스트를 web_server.json 이라고 정의한 후, 파일 5-3과 같이 채워 넣는다.

파일 5-3 web_server.json chef 롤 파일

```
1:      "run_list": [
2:      "python",
3:      "webserver:default"
4:      ],
```

파일 5-3의 2~3라인처럼 레시피를 적어둔 후 'knife upload role' 명령어로 chef 서버에 올린다. 그런 다음 knife role list를 하면 방금 올린 롤(web_server)을 확인할 수 있다.

```
$ knife role from file web_server.json
knife role list
…
web_server
…
```

5.1.2 chef로 배치하기

chef 서버에 쿡북과 런리스트가 잘 올라갔으면 그림 5-1과 같이 서비스용 인스턴스에 패키지를 배치하는 일만 남았다. 여러 가지 방법이 있지만, 서비스용 인스턴스에 chef-client를 설치하고 chef 서버와 통신할 수 있도록 설정을 해주고, 실행해야 할 롤^{Role}까지 지정해주는 'knife bootstrap' 명령어를 사용하면 편하다. 명령어는 아주 직관적이다. knife bootstrap 뒤에 서비스용 인스턴스의 ip를 넣어주고 -r 옵션 뒤에는 원하는 롤을 적어두면 된다. -E 옵션은 해당 인스턴스에서 사용할 chef environment를 의미한다.

```
$ knife bootstrap 10.1.1.1 -E dev -r 'role[webserver]'
```

이렇게 만들어 두면 IP만 있고 쿡북/롤만 잘 정리돼 있으면 어느 서버라도 동일하게 구성된 웹 서버를 생성할 수 있다. -E 옵션에서도 알 수 있지만, 각 환경에 따라 정의된 chef environment만 있으면 자유롭게 특정 환경에 맞는 인스턴스를 배치시킬 수 있다. 이것이 자동화의 매력이다.

5.2 kfield에서 IaaS 배치하기

이 절에서는 chef와 같은 설정 자동화 도구를 어떻게 사용해 개발 환경을 만드는지 좀더 자세히 설명할 것이다. 4장에서는 kfield가 vagrant를 사용해서 서비스 형상을 자동으로 만드는 방법을 설명했다. 5장에서는 kfiled에서의 기본 형상 위에 chef의 레시피와 롤을 사용해서 인스턴스를 배치하는 방법에 대해서 설명하겠다.

5.2.1 kfield IaaS 배치 형상

그림 5-3은 그림 4-3의 서비스 구조를 반영한 형태로 다시 그려본 것이다.

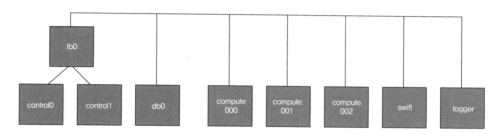

그림 5-3 서비스 구조를 반영한 배포 형태

4장에서는 보이지 않았던 의존성 관계가 좀더 명확하게 보인다. 예를 들면 lb0은 cotrol0, contol1이 구성돼야만 정상적으로 설정할 수 있다. db0은 control0, control1에 API가 설치되기 전에 미리 설치돼야 한다. 컨트롤러가 다 세팅돼야만 compute001~2가 제대로 구성될 수 있다. logger/swift 인스턴스는 순서에 상관없이 구성만 되면 된다.

구성 자동화를 할 때 가장 어려운 것이 바로 이 의존성 관계를 코드로 풀어내는 것이다. 여기에는 동시성 이슈, 블록킹[blocking] 등과 같은 일반적인 서비스에서 생각하는 그런 병렬 프로그래밍 이슈를 해결하는 동일한 기법이 사용돼야 한다.

4장에서 kfield 내의 config 디렉터리에 저장돼 있던 서버 형상 자료구조인 vms-default.json에 정의돼 있는 각 인스턴스에 지정된 롤과 레시피를 정리했다.

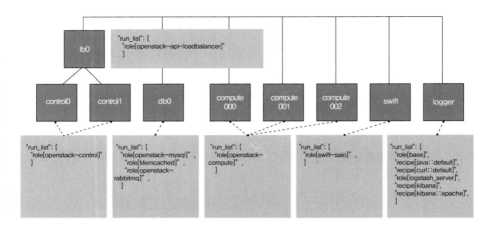

그림 5-4 kfiled 인스턴스별 런리스트 정리

그림 5-4를 보면 가장 간단해 보이는 logger 인스턴스가 롤도 많고, 레시피도 많다. 뭔가 어렵고 많은 것이 설치될 것 같은 control0 인스턴스는 롤이 하나밖에 지정돼 있지 않다. 롤은 레시피뿐만 아니라, 롤로도 구성할 수 있기 때문에 하나의 롤이라고 해서 방심하면 안 된다. 왜냐하면 롤은 하나 이상의 롤이나 레시피로 구성돼 있기 때문에 복잡도는 해당 롤을 열어봐야 알 수 있다. kfield에서 사용하는 각 롤은 roles 디렉터리 아래에 정의돼 있다. roles 디렉터리에서 openstack-control.rb를 열어보자.

파일 5-4 openstack-control.rb 파일

```
1:      name 'openstack-control'
2:      description 'OpenStack control node'
3:      run_list(
4:          'role[openstack-keystone]',
5:          'role[glance-api]',
6:          'role[glance-registry]',
7:          'role[neutron-server]',
8:          'role[cinder-api]',
9:          'role[cinder-volume]',
10:         'role[cinder-scheduler]',
```

```
11:            'role[nova-api]',
12:            'role[nova-cert]',
13:            'role[nova-consoleauth]',
14:            'role[nova-conductor]',
15:            'role[nova-novncproxy]',
16:            'role[nova-scheduler]',
17:            'role[ceilometer-api]',
18:            'role[ceilometer-agent-central]',
19:            'role[ceilometer-collector]',
20:            'role[ceilometer-alarm-notifier]',
21:            'role[ceilometer-alarm-evaluator]',
22:            'role[heat-api]',
23:            'role[heat-api-cfn]',
24:            'role[heat-api-cloudwatch]',
25:            'role[heat-engine]',
26:            'role[horizon-server]',
27:            'role[trove-api]', 'role[trove-taskmanager]', 'role[trove-conductor]',
28:        )
```

openstack-control 롤은 openstack-keystone openstack-nova-api 등과 같은 24개의 롤로 구성돼 있는 것을 알 수 있다. 이중에서 openstack에서 인증을 담당하는 keystone 서비스를 구성하는 role[openstack-keystone] 롤을 열어보자. 키스톤keystone 서비스는 openstack-base 롤과 'keystone::server' 레시피로 구성돼 있다.

파일 5-5 openstack-keystone.rb 파일

```
1:        name 'openstack-keystone'
2:        description 'OpenStack keystone service'
3:        run_list(
4:            "role[openstack-base]",
5:            "recipe[keystone::server]",
6:        )
```

6라인이 오픈스택에 필요한 키스톤 서비스를 실제로 설치하는 chef 레시피다.

keystone을 설치하는 방법을 통해서, 기본적으로 서비스는 어떤 식으로 설치하는지 살펴보겠다.

5.2.2 서비스 설치 예제

keystone 서비스를 통해서 IT 서비스(또는 서버 애플리케이션)를 설치하는 방법을 알아보겠다. IT 서비스는 대부분 '환경설정 애플리케이션 설치 OS 서비스에 등록'이란 절차를 거친다. 파일 2-5의 각 부분을 살펴보면서 관련된 설정에 대해 설명하겠다.

5.2.2.1 환경 설정

가장 먼저 애플리케이션이 실행될 때 필요한 아주 기초적인 환경, 이를 테면 기본적인 바이너리, 프로그램 언어, 사용자 설정 등을 kfield에서는 role[openstack-base]를 통해 구성한다. 파일 2-6에 openstack-base 롤을 표시했다. 그런데 openstack-base 롤은 하나로써 완결되는 작업이 아니라 다시 2개의 롤과 쿡북으로 이뤄져 있는 것을 알 수 있다.

그림 5-5에 openstack-base 롤이 사용하는 또다른 쿡북과 롤을 표시했다. openstack-base 롤은 base 롤과 openstack 쿡북의 'default' 레시피로 구성돼 있다. base 롤에는 파이썬 설치, 루비 설치, chef-client 설치 등으로 구성돼 있어서 개발이나 운영환경에 필요한 패키지를 미리 설치한다. openstack 쿡북의 default 레시피는 해당 파일을 열어보면 'include_recipe'라는 chef 리소스를 사용해서 openstack 쿡북에 있는 base 레시피를 호출하는 것을 알 수 있다.

파일 5-6 openstack-base.rb 파일

```
1:      name 'openstack-base'
2:      description 'OpenStack base role'
3:      run_list(
4:          "role[base]",
5:          "recipe[openstack::default]",
6:      )
```

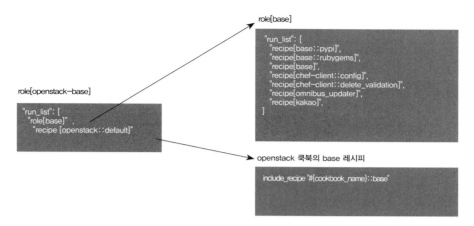

그림 5-5 openstack-base 롤의 구성관계

5.2.2.2 애플리케이션 설치

애플리케이션이 실행될 수 있는 환경은 openstack-base를 통해 완성했으므로, 이제는 애플리케이션을 설치할 차례다. 애플리케이션 설치를 자동화하는 코드가 keystone 쿡북의 server라는 레시피다. 파일 2-7에 keystone 쿡북의 레시피 중에서 server 레시피를 간략하게 표시했다(cookbooks/keystone/recipes/server.rb 참조).

이 레시피 역시 하나에서 완결되는 것이 아니라 크게 3부분으로 나눠서 설정하도록 돼 있다. 왜냐하면 카카오 IaaS에서 사용하는 Openstack이 API 서버를 설치하는 데 패키지 설치 초기 DB 생성 패키지 실행이라는 3단계로 이뤄져 있기 때문이다. 파일 2-7에 이 레시피에서 필요한 부분만 발췌했다.

파일 5-7 keystone 쿡북의 server 레시피

```
1:        # share 되는 컨피그 및 코드 설치
2:        include_recipe "#{cookbook_name}::common"
3:
4:        # keystone code 업데이트됐을 때만 db sync하자.
5:        execute 'keystone sync' do
```

```
6:          command "su -s /bin/sh -c '#{node[:openstack][:install][:source][:path]}/bin/
              keystone-manage db_sync' keystone && rm -f /etc/#{cookbook_n
7:      }/#{cookbook_name}-db-sync-ok"
8:        only_if { File.exist?("/etc/#{cookbook_name}/#{cookbook_name}-db-sync-ok") }
9:      end
10:
11:      include_recipe "#{cookbook_name}::install-server"
12:
13:      …
14:
15:      include_recipe "#{cookbook_name}::bootstrap" unless check_environment_
              production
```

파일 5-7의 2라인을 보면 keystone 쿡북의 common 레시피(${cookbook_
name}::common)를 호출한다. 쿡북 이름을 직접 쓰는 대신에 chef에서 사용하는 내
부 변수를 사용한 이유는 API 서비스가 다양한데 그때마다 각각의 이름을 사용하면
거의 동일한 코드를 쿡북 이름만 바꿔가면서 관리해야 하기 때문이었다.

그림 5-6에 keystone 서버 레시피가 호출하는 관계를 표시했다. keystone 서버의
common 레시피는 keystone common 레시피를 호출하고, keystone common
cookbook은 keystone install 레시피를 호출한다.

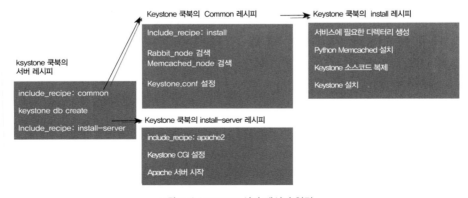

그림 5-6 keystone 서버 레시피 연결

keystone install 레시피는 keystone API 패키지를 설치하고 외부의 다른 설치 방법과는 다르게 소스코드를 통해서 설치한다. 이렇게 한 이유는 오픈소스이기는 하지만 내부의 정책이나 특수한 상황 때문에 코드를 변경해야 하는 일이 많아지면서 패키지에서 파일을 바꿔치기 하는 형태는 더 이상 불가능했다. 특정 OS에 종속되는 것은 비록 패키지 파일이기는 하지만 서비스를 유지하는 데 걸림돌이 될 것 같아서였다.

파일 5-8 keystone 쿡북의 install 레시피

```
1:      source_path = "#{node[:openstack][:install][:source][:path]}/src/#{cookbook_
          name}"
2:      git source_path do
3:        repository node[:openstack][:github][cookbook_name.to_sym][:url]
4:        revision node[:openstack][:github][cookbook_name.to_sym][:revision]
5:        action :sync
6:        notifies :install, "python_pip[#{source_path}]", :immediately
7:        notifies :run, "bash[install #{cookbook_name} config]", :immediately
8:        retries 5
9:        retry_delay 5
10:     end
11:
12:     python_pip source_path do
13:       virtualenv node[:openstack][:install][:source][:path]
14:       options "-c #{node[:openstack][:install][:source][:path]}/src/requirements/
            upper-constraints.txt -e"
15:       action :nothing
16:       retries 5
17:       retry_delay 5
18:     end
```

파일 5-8의 2라인에서 표시한 것처럼 git을 이용해서 소스코드를 해당 인스턴스로 복제한다. 복제가 완료되면 6라인에 쓴 것처럼(pip(python_pip [#{source_path}] 부분)을 사용해 패키지를 설치한다. 이 코드를 통해서 12줄에 표시된 python_pip 부분을 호출한다. 여기서도 코드의 중복을 피하기 위해서 source_path를 변수로 만들어서 사용한다(1라인 참조). pip 패키지로 설치할 때 13라인에 표시된 옵션처럼 파이

썬의 virtualenv[4]를 사용해서 시스템 패키지와 분리시킨다. 시스템 업데이트 과정 중에 시스템 파이썬이 업그레이드되거나 버전이 바뀌더라도 또는 최악의 경우 지워지더라도(그런 경우가 실제로 있었다) 서비스는 독립적으로 실행될 수 있도록 하기 위해서 였다. 이럴 경우 문제가 되는 것은 일반적으로 시스템의 파이썬 패키지엔 설치돼 있어서 관리해주지 않아도 되는 패키지의 리스트를 별도로 보관해야 한다는 것이다. 그래서 이 리스트를 14라인의 upper-constraints.txt에서 관리한다.

keystone 패키지가 설치가 완료되면 그림 5-6의 Common 레시피에서 keystone 서버 동작에 필요한 memcache, RabbitMQ[5]#의 주소를 검색해서 변수로 보관한 다음(자세한 내용은 '서비스 디커버리 구현' 절에서 설명한다) keystone 서버용 컨피그 파일(keystone.conf)을 생성한다.

여기까지가 그림 5-6의 keystone 쿡북의 서버 레시피의 install_recipe: common 부분이고, 각 API 서비스별로 이런 패턴으로 반복된다. 이 과정이 끝나면 keystone 은 잘 설치됐기 때문에 DB에 keystone 스키마를 생성한다(이미 생성돼 있을 경우는 넘어간다).

5.2.2.3 OS 서비스에 등록

keystone API용 DB가 생성되면 install-server 레시피를 호출한다. keystone은 오픈스택의 다른 API와는 달리 아파치 웹 서버를 사용하기 때문에 install-server 레시피에서는 아파치 웹 서버를 설치하고 CGI 스크립트를 복사한 다음 keystone-api 를 실행한다. 아파치 웹 서버는 오픈소스 apache2 쿡북을 사용해서 설치한다. 이 단계에서 OS 서비스에 등록돼 인스턴스 재부팅이나 인스턴스 내의 OS 서비스 툴에서 관리할 수 있다.

그림 5-7에 이번 절에서 설명한 쿡북의 연결 그림을 전체적으로 표시했다. 단순한 설치나 구성코드라고 하기에는 꽤 복잡하게 연결돼 있다. 가장 큰 원인은 오픈스택

---

4 시스템의 파이썬 라이브러리를 사용하는 것이 아니라, 사용자가 별도의 파이썬 라이브러리를 생성하는 파이썬 옵션이다.
5 오픈스택은 API 서버와 Agent간의 통신을 위해서 RabbitMQ를 사용한다.

이라는 서비스 코드가 확장성을 좋게 가져간다는 이유로 각 서비스를 잘게 쪼개됐기 때문이다. 그래서 애플리케이션이 복잡하게 구성돼 있으면, 구성 코드도 복잡해질 수밖에 없다.

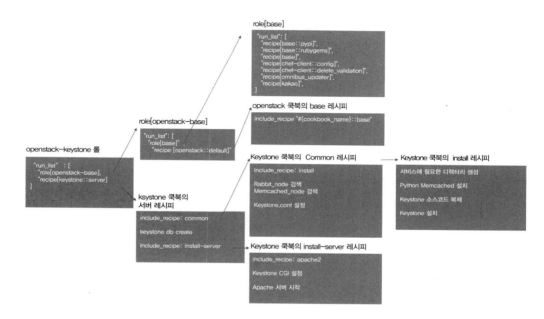

그림 5-7 오픈스택 keystone 서비스 설치 연결도

5.2.3 서비스 디스커버리 구현

그림 5-6에서 DB와 MQ의 정보를 찾아서 사용한다고 했다. API를 사용하는데 DB 와 MQ가 미리 정의돼 있어야만 나머지 자동화가 온전히 이뤄질 수 있기 때문에, 배치환경 내에 DB 서비스나 MQ 서비스에 대한 의존성이 생기게 된다.

이 서비스가 설치되고 제대로 동작하는지 확인한 후에 나머지 배치 자동화를 진행해야 장애가 생성되지 않는다. 이때 컨테이너를 사용했다면 서비스 디스커버리[Service Discovery]라는 용어라고 정의했을텐데, 이 코드가 작성되는 초기에는 그런 단어가 없어 해당 '롤을 가진 노드를 검색[search]'한다는 의미에서 'nodes_by_role'이라고 함수 이름을 붙였다.

chef와 같은 구성 자동화 툴을 사용하면 구성 자동화 서비스용 서버를 일종의 CMDB로 사용할 수 있다.

Chef의 경우 chef_client가 정상적으로 구성을 완료했을 경우 해당 서버나 인스턴스에 대한 설정 정보와 실행됐던 recipe, role 정보를 chef 서버에 저장한다. 필요한 경우 chef 서버에 저장된 정보를 통해 특정 롤이나 레시피가 실행된 서버를 검색할 수 있다. kfield는 이것을 쿡북 라이브러리로 제공한다. 그림 5-6에서 표시된 keystone 쿡북의 common 레시피에서 노드를 찾는 부분을 보겠다.

파일 5-9에 common 레시피의 일부를 표시했다. 6라인에선 nodes_by_role을 통해서 openstack-rabbitmq 노드를 찾고, 7라인에선 Memcached 노드를 찾는다. Memcached/openstack-rabbitmq 노드를 찾지 못하면 찾을 때까지 기다리도록 설정('wait: true' 부분)했다.

파일 5-9 keytone 쿡북의 common 레시피 일부

```
1:       …
2:       ::Chef::Recipe.send(:include, Kakao::Openstack)
3:
4:       include_recipe "#{cookbook_name}::install"
5:
6:       rabbit_node = nodes_by_role('openstack-rabbitmq', wait: true)
7:       memcached_node = nodes_by_role('memcached', wait: true)
8:
9:       mysql_host = get_database_host
```

nodes_by_role은 openstack 쿡북에 라이브러리로 포함돼 있다(cookbooks/openstack/libraries/search_nodes.rb). 파일 5-9의 2라인을 보면 'Recipe.send(:include, Kakao::Openstack)'이란 명령행을 통해서 오픈스택 쿡북의 내용을 로드해서 nodes_by_nodes라는 함수를 사용할 수 있게 한다. 4라인의 include_recipe와 2라인의 차이점은 4라인의 실제로 레시피 실행을 하고 2라인의 경우는 실

행은 하지 않고 메모리에 라이브러리나 쿡북을 가져오기만 한다.

파일 5-10 nodes_by_role 쿡북 라이브러리

```
1:      module Kakao
2:        module Openstack
3:          def nodes_by_role(role, args = {})
4:            defaults = { :wait => false }
5:            options = defaults.merge(args)
6:
7:            wait = options[:wait] || defaults[:wait]
8:
9:            wait_role role if wait
10:
11:           q = if node.chef_environment == 'seoul_v2_1'
12:                 'chef_environment:seoul_v2 AND '
13:               else
14:                 "chef_environment:#{node.chef_environment} AND "
15:               end
16:
17:           q += "roles:#{role}"
18:
19:           result = searchcache(:node, q)
```

파일 5-10의 11~15라인에서 질의(q변수)에 스테이지 정보를 넣고, 17라인에서 사용자가 입력한 롤을 추가로 넣어서 19라인처럼 chef 서버에 연결해서 정보를 가져온다. 사용자가 해당 롤을 가진 노드가 있을 때까지 기다리겠다고 옵션을 줬는지를 9라인에서 확인한다.

5.3 인스턴스에 서비스 배치하기

대규모 서비스나 복잡한 서비스를 한 번에 배치하기 위해서 가장 어려운 부분은 자동화 코드를 작성하는 것이 아니라 5.2.3절과 같이 배치 과정 중에 발생하는 어

쩔 수 없는 의존성 문제를 해결하는 것이다. kfield에서는 이 부분을 nodes_by_search라는 함수를 만들어서 해결했다. 즉, kfield는 전체 인스턴스를 의존성 부분에 대한 이슈 없이 동시에 배치 코드를 실행해도 이슈가 없도록 개발돼 있다. 그래서 개발 환경을 구성할 때나 실 서비스에서 배치 코드를 돌릴 때 최대한 배치 시간을 줄일 수 있다. 배치 코드인 쿡북이 다 완성됐으면 chef 서버를 띄우고, 롤/쿡북을 올리고 chef_client를 각 인스턴스 안에서 실행하면 IaaS 서비스가 개인 워크스테이션에 설치된다.

kfield에서 필요한 chef 서버(4장에서 설명한 인증이 없는 chef-zero 서버다)는 4장에서 사용한 'vagrant up'하는 순간 vagrant chef-zero plugin에 의해서 실행된다. 즉 별도로 chef 서버를 실행할 필요가 없다. 그리고 chef-zero plugin은 'vagrant up'을 실행한 디렉터리에 knife용 설정파일인 'knife.rb'를 생성하고 이후에 knife 명령어를 통해서도 워크스테이션에 띄워진 chef 서버와 연결할 수 있다.

chef 서버가 실행됐다면, 배치에 필요한 쿡북과 롤을 chef 서버에 올려야 한다. 쿡북을 일일이 올려도 되지만, 필요한 쿡북의 의존성을 관리해서 필요한 쿡북을 한꺼번에 올려주는 berkshelf(https://docs.chef.io/berkshelf.html)라는 툴을 사용한다. berkshelf는 berksfile에 지정된 쿡북과 쿡북의 metadata에 지정된 의존성을 가진 쿡북을 전부 다운로드한 다음 다시 chef 서버에 올려준다. 이때 chef 서버와 통신하기 위해서 knife.rb 파일을 사용한다. kfield에서는 이 과정을 자동화하기 위해서 'vagrant-berkshelf-plugin'을 사용했으며 4장에서 'vagrant up' 명령어를 실행했을 때 이미 berkshelf가 동작해서 chef 서버에 필요한 쿡북을 올려줬다.

인스턴스부터 배치에 필요한 모든 것이 준비가 된 상태다. 인스턴스에 IaaS 서비스를 kfield로 배치하기 위해서 다음과 같은 명령어만 실행하면 된다.

```
$ vagrant up
```

5.4 CMMI-DEV 관점에서의 단계

6장까지 개발된 IaaS 프레임워크를 CMMI 관점에서 보도록 하겠다.

5.4.1 문화와 조직 관점에서의 단계

IaaS 프레임워크는 기본적으로 서버(하이퍼바이저용 또는 물리서버 프로비전용), 네트워크, 스토리지를 전문으로 하는 팀 또는 사람과 자동화와 개발을 하는 팀을 고려해야만 한다. 4장에서는 이러한 갈등을 최소화할 수 있는 구조와 더불어서 클라우드 서비스를 만드는 핵심 요소로 CMDB를 먼저 만들고 강화해야 한다고 이야기했다. 클라우드를 조직 문화 관점에서 본다면 R&R^Role and Responsibility의 경계가 모호해지는 것이다. 그림 5-8에서 이 관계를 간단하게 설명했다.

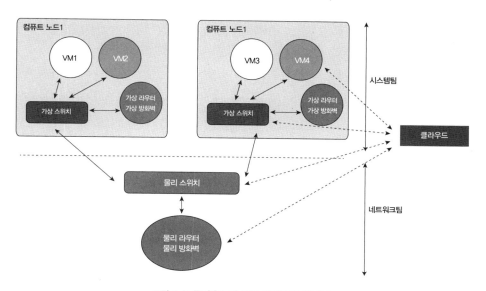

그림 5-8 클라우드와 기존 조직과의 관계도

클라우드, 즉 사용자가 직접 인프라 스트럭처나 플랫폼을 만들기 전의 시대에는 컴퓨트 노드에 해당하는 리소스는 시스템 조직(또는 서버 조직)이 맡아서 관리하고, 컴퓨트 노드를 연결하는 네트워크 조직은 스위치/방화벽 같은 리소스를 맡아서 관리했었다. 하지만 사용자가 직접 쓸 수 있게 서비스를 만들기 위해서는 관리 권한의 일부를 사용자에게 줘야만 한다. 그래야만 사용자가 필요한 리소스를 직접 만들 수 있다. 사용자에게 필요한 기능을 정의하고 제품을 만드는 조직을 대개의 경우 클라우드 조직이라고 부른다. 클라우드 조직은 사용자(내·외부 개발자, 내·외부 관리자, 내·외부 마케팅/경영조직)의 요구에 맞는 제품을 만들기 위해서 기존의 각 팀과 이야기를 해야만 한다. 관리 단계에서는 클라우드 관련 조직은 자신들이 만드는 제품(또는 서비스)의 목적에 대해서 관련 부서와 이야기를 해야 하고 경우에 따라서는 교육도 해야 한다. 여기서 클라우드 조직은 자신의 제품의 기획 단계에서부터 관련된 여러 조직과 논의해야 한다. 어떤 제품이 필요한지, 그 제품이 어떻게 각 조직에 영향을 미칠지를 이야기해야 하고 이 과정에서 회사 전체 제품의 로드맵을 고민하면서 진행해야 한다. 그렇지 않으면 해당 조직에서 만든 제품이 사장되거나 고립돼서 더 이상 쓸모가 없는 형태로 밖에 개발되지 않는다.

클라우드를 만드는 조직은 자신들이 하는 일을 상세히 밝히는 것과 동시에 다른 조직도 참여할 수 있는 형태로 제품을 만들어 나가야 한다. 이런 과정에서 전사를 아우르는 TF를 만드는 것도 하나의 방법이다. 개발팀은 이렇게 큰 담론에서 나온 기획에 참여해서 공감대를 서로 형성하고, 그 다음에 실제로 만들어야 하는 제품 또는 기능을 이야기하면 좀더 심리적인 안정감을 가지고 필요한 것을 만들 수 있다. 그리고 이때 클라우드를 만드는 팀에서는 특정 기능보다는 항상 '유용성'에 초점을 둬야 한다. 어떤 소프트웨어 제품이던 유용성은 딱 2가지다. 만들어서 이익을 남길 것이냐, 아니면 비용을 줄일 것이냐?이다. 개발팀은 이 관점으로 나온 목표를 백로그화하고 필요한 기능을 재빠르게 만드는 준비를 해야 한다.

5장에서의 IaaS 프레임워크는 설정 자동화가 추가됐다. 이때 어떤 것을 자동화할 것인가?는 개발팀의 의견 목표만 내세우는 것이 아니라 실제 운영과 관리를 맡고 있는 쪽의 의견을 적극적으로 구해서 반영하면 유용성은 더 높아진다. 그렇게 논의하면서 생기는 관계를 통해 이후 CMMI에서 이야기하는 '정의' 단계로 나아갈 수 있다. 효율적인 개발을 위해 이 단계부터는 agile 개발에서 사용하는 스크럼scrum을 적용하면 좋다. 스크럼은 개발 계획기간, 스프린트(1~3 단위, 실제 개발 기간), 회고기간으로 나뉘어지는 개발 방법이다. 개발 계획기간에 내외부 조직과 이야기해서 제품과 기능에 대해서 이야기하고 개략적인 개발 기간을 산정한 후 스프린트를 통해 만들어 내고 회고 기간에 만들어진 기능을 검토하는 형태로 진행하면 좀더 속도감 있고 공동으로 제품을 만든다는 느낌도 줄 수 있다. 이때 스크럼 마스터는 기획이나 요청하는 쪽에서 급박한 버그 외에 기능 추가나 변경에 대한 요구를 하면 '지금은 한창 스프린트 중이니 다음 플래닝 때 이야기하자'는 형태로 서로 소통하는 것이 중요하다. 그렇지 않으면 개발팀이 제품개발에 집중하지 못해서 그냥 내부 시스템 인티그레이션을 하는 역할로 자리 잡게 된다.

5.4.2 디자인과 아키텍처 단계

4장까지의 프레임워크는 인스턴스 자동 생성이었지만, 5장부터는 설정 자동화가 추가됐고 목적 별로 각각 다른 인스턴스를 구성하는 형태로 자동화가 적용됐다. 가상 머신을 다루는 Nova, 네트워크를 다루는 Neutron, 볼륨을 다루는 Cinder 등을 각각의 구성자동화 도구인 chef를 사용해서 개발했다. 그리고 중복 코드를 만드는 것을 최소화하고 재활용성을 높이기 위해서, 가장 작은 설정 자동화 단위는 레시피로 나누고 최대한 이 레시피를 조합해서 필요한 기능과 설정을 하는 롤이이라는 단위를 둬서 코드를 만들었다. 이러한 과정에서 IaaS 프레임워크가 아닌 일반적인 개발에서 사용하는 기본적인 원칙인 DRY(Do not Repeat Yourself, 중복하지 마라), KISS(Keep it Simple, Stupid, 단순하게 하라) 등을 따라서 개발하게 된다.

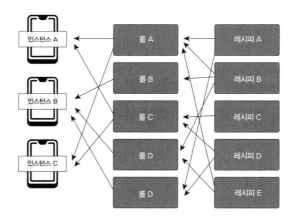

그림 5-9 인스턴스/롤/레시피 간의 관계

여러 설정파일과 컴포넌트가 서로 잘 동작할 수 있도록 설정 자동화 코드에도 버전을 붙이게 된다. 많은 사람들이 한꺼번에 작성하기 때문에 커밋 히스토리를 비교하는 것은 점점 어려워진다. 대부분의 설정 자동화 툴이 설정 자동화 코드 자체에 버전을 표시할 수 있도록 돼 있고 chef도 각 레시피나 롤의 메타데이터에 버전을 표시할 수 있게 돼 있다. 파일 5-11에 버전 정보를 간단하게 표시했다.

파일 5-11 쿡북의 메타데이터 파일 내 버전 정보

```
1:      name            'base'
2:      description     'The base role'
3:      …
4:      version         '1.10.21'
5:
6:      depends 'rsyslog'
7:      …
```

사용자는 커밋^{commit}의 버전 정보를 자신의 chef 서버의 쿡북 버전 정보와 비교하면서 최신의 쿡북인지 아닌지를 확인할 수 있다.

5.4.3 빌드와 배치 관점에서의 단계

설정 관련 코드가 들어가면서 이제 빌드와 배치에 대해서 고려해야 한다. chef를 사용하기 때문에 별도의 빌드를 고려할 필요는 없지만, 만들어진 결과물을 배치하는 것을 고려해야 한다. 로컬 개발 환경에서 설정한 정보를 그대로 실제 환경에 배치하기 위해서 개발 환경에서 사용하는 언어(여기선 루비)와 플러그인의 버전들이 실제 환경에도 잘 설치되도록 해야 한다.

5장에서 사용한 chef는 루비^{Ruby}를 사용한다. 루비는 설정이 간단한 반면 성능은 높은 애플리케이션을 만들 수 있는 언어지만, 각종 플러그인의 버전 관리와 호환성 관리는 극악인 소프트웨어다. 자체적인 의존성 관리는 gemfile로 할 수 있으며 kfield에도 gemfile이 있다. 다음은 kfield 내의 gemfile의 내용을 보여준다.

```
$ more Gemfile
source 'http://ftp.daumkakao.com/rubygems/'

gem "chef"
gem "berkshelf"
gem "spiceweasel"
gem "test-kitchen"
gem "kitchen-vagrant"
gem "kitchen-openstack"
gem "gyoku",'1.3.1'

group :development do
  gem 'guard-ctags-bundler'
end
```

이 파일을 사용해서 필요한 루비 gem을 설치할 때는 'bundler'라는 명령어를 사용한다. 'bundle install -f gemfile' 형태로 사용하면 된다. 에러 없이 설치가 잘되면 이 파일을 보관한 후에 실제 서버에 gemfile만 옮겨서 bundler 명령어로 설치하면 동일한 루비 개발 환경을 만들 수 있다.

실제 서비스의 배치에 관여하는 chef 코드의 개발 환경과 실제 환경의 의존성 차이는 5.3절에서 설명한 berkshelf를 사용해서 해결할 수 있다. 여기까지 준비했으면 CMMI-DEV 내의 빌드/배포 관점에서는 관리 단계라고 생각할 수 있다. 아직은 테스트를 자동으로 만들 상황이 아니므로 개발한 chef 코드는 4장에서 설명한 start.sh 내의 시퀀셜^{sequensial}한 'vagrant provision'에 의해 실행한다.

5.4.4 테스트와 검증 관점에서의 단계

4장에서는 인스턴스 생성밖에 없었으므로 테스트는 vagrant provision의 성공만으로도 신뢰도를 생성할 수 있었다. 하지만 이제는 설정코드가 들어가면서 vagrant provision의 성공 즉 설정 자체는 잘 실행됐지만 가상머신이나 서버에서 설정된 소프트웨어가 제대로 동작하는지 파악하는 것으로는 부족한 단계다.

6장에서 설명할 여러 종류의 서버/API 테스트용 제품을 추가해서 설정 코드가 완성한 인스턴스와 서비스가 잘 실행되는지에 대한 신뢰도를 높일 준비를 해야 한다.

5.4.5 정보와 리포팅 관점에서의 단계

제품의 경우에는 여전히 테스트를 하지 않기 때문에 실제로 리포팅할 내용이 없다. 하지만 개발에서 나오는 개발 결과와 진행 등을 리포팅하는 것을 고려해야 한다. 문화/조직 관점에서 이야기한 것처럼 여러 분야와 해당하는 조직과 같이 연결돼 개발을 진행하기 때문에 하고 있는 내용을 간결하지만 실효성있게 공유하는 것이 중요하다. 스프린트를 진행하고 있다면 스프린트 내에서 개발된 내용을 정리해서 알려주는 릴리즈 노트를 만들어서 공유하거나 정기적인 제품 시연을 보여주는 형태로 진행하면 서로에 대한 이해도를 높일 수 있다.

5.5 정리하기

5장에서는 구성자동화 프레임워크인 chef를 사용하는 방법에 대해서 간단히 살펴봤다. kfield 내에서 chef와 쿡북을 사용해서 구성자동화를 하는 방법에 대해서도 설명했다. 자동화 개발 중에서 가장 까다로운 부분인 의존성 부분을 해결하는 방법도 설명했다.

6장에서는 kfield에 있는 테스트 프레임워크를 통해서, 클라우드 서비스를 더 안정되게 만들고 여러 사람이 같이 공동으로 개발하는 방법을 설명한다.

06

클라우드 서비스 테스트 자동화하기

클라우드와 같은 대규모 서비스를 지속적으로 개선하고 운영하기 위해서는 많은 사람이 같이 개발해야 한다. 여러 사람이 만들어낸 결과물이 정확히 동작하도록 하고 자신이 개발한 부분이 다른 서비스나 API에 영향을 주지 않는지 확인하기 위해서는 테스트가 필수적이다. 6장에서는 kfield에 적용된 테스트 자동화에 대해서 설명한다. 6장에서 배울 주요 내용은 다음과 같다.

- 테스트의 종류와 자동 테스트의 필요성
- 인프라 스트럭처 테스트 프레임워크 kitchen
- github/Jenkins/kitchen을 이용한 자동 테스트 만들기
- 테스트를 기반으로 코드 리뷰하기

6.1 소프트웨어 테스트와 자동 테스트

소프트웨어 테스트의 본래의 목적은 아이러니하게도 소프트웨어 자체에 버그나 에

러가 있다는 가정하에 정확하게 처리되지 않은 기능의 결함을 발견하는 것이다.[1]
이 근원적인 목적을 위해 개발된 테스트는 시험자 측면의 소프트웨어 요구사항
검증Verification, 사용자 측면의 소프트웨어 확인Validation, 개발자 측면에서의 디버깅
Debugging 용도로 다양하게 활용되고 있다. 소프트웨어에 있는 다양한 장애나 결함을
발견하기 위해서 많은 종류의 테스트가 있다. 테스트 방법에 따라서는 소프트웨어
의 내부는 전혀 신경쓰지 않고 외부에서의 요구사항에 맞춘 기능과 성능만 보는 블
랙박스테스트, 소프트웨어 내의 논리적 구조까지 보는 화이트박스 테스트가 있다.

테스트 절차에 따른 분류는 다음과 같다.

- **단위 테스트**unit test: 소프트웨어의 기본 단위인 각 클래스나 패키지 등이 내
  부 설계 명세에 맞도록 동작하는지 확인하는 테스트
- **통합 테스트**Integration Test: 여러 클래스나 패키지로 이뤄진 시스템이 잘 동작
  하는지 확인하는 테스트. 클래스 인터페이스 중심으로 테스트가 이뤄진다.
- **시스템 테스트**system Test: 요구 분석을 기준으로 소프트웨어가 잘 동작하는지
  확인하는 테스트. 장애 시 제한된 시간 안에 복구가 가능한지incident test, 보안
  성은 갖추고 있는지security test, 과부하에도 잘 견디는지smoke test, 실행/응답시
  간이 목표치를 만족하는지performance test를 확인한다.
- **인수 테스트/설치 테스트**Acceptance Test: 사용자 관점에서 실행하는 테스트. 사
  용자 환경에서 사용자에 의해 모든 테스트가 이뤄진다.
- **회귀 테스트**regression test: 회귀버그(Regression Bug. 이전에는 제대로 동작하던 소
  프트웨어가 현재 버전에선 작동하지 않는 버그를 말한다)를 찾기 위해서 실행하는
  테스트를 회귀 테스트라고 한다.

클라우드는 IT 서비스라고 했었다. IT 서비스에 가장 적합한 테스트가 회귀 테스
트다(아니 반드시 해야 하는 테스트라고 생각한다). 왜냐하면 코드나 환경에 어떤 변화가
생겼을 때 이전에는 잘 실행되던 것이 여전히 잘 동작하는지 늘 확인해야 하기 때

---

1 『The Art of Software Testing』 Glenfold.J.Myers, Wiley.

문이다. 회귀 테스트는 어떠한 테스트를 가리키기보다 여러 테스트를 합친 테스트 스윗suit이나 테스트 파이프라인을 의미한다. 그렇기 때문에 회귀 테스트에는 단위 테스트, 통합 테스트, 시스템 테스트, 인수 테스트가 다 포함될 수 있다. 하지만 테스트의 목적 자체는 이 절의 처음에서 소개했던 것처럼 버그를 발견하고 해결하는 것이기 때문에 모든 테스트를 다 할 필요는 없다. 적절한 수준에서 소프트웨어의 무결성 integrity을 확인할 수 있을 정도만 하면 된다. 회귀 테스트에서 가장 중요한 것은 회귀 테스트를 구성하는 테스트의 종류가 아니라 코드의 변화가 하나라도 생기면 무조건 수행돼야 한다는 것이다. 즉, 1줄의 코드가 바뀌더라도 코드를 바꾼 사람의 직위 고하를 막론하고 무조건 수행돼야 한다는 것이다.

1줄의 코드가 바뀔 때마다 테스트를 하려면 테스트는 자동으로 실행될 수밖에 없고, 거꾸로 테스트는 반드시 자동으로 실행돼야만 한다. 이전에는 테스트를 하는 별도의 조직이 있었지만, 그럴 경우 회귀 테스트를 시도할 수도 없다. 개발자가 하루에 만드는 변경사항이 최소한 1개 이상이고 개발팀이 수십 명이라면, 수십 건의 케이스에 대해서 단위/통합/인수 테스트를 수동으로 한다면 시간과 비용이 천문학적으로 소요돼 거의 불가능한 일이 된다. 회귀 테스트를 자동으로 코드가 변경될 때마다 하려면, 4장에서 이야기한 것처럼 자동 테스트 시스템을 갖춰야만 한다. 테스트 시스템은 한 가지 테스트만 실행하는 것이 아니라, 최대한 다양한 테스트를 연속으로 실행할 수 있는 테스트 파이프라인 형태로 개발돼야 한다. 즉 이 영역 역시 개발의 영역이 된다.

NOTE

테스트 주도 개발(TDD, Test Driven Development), 도메인 주도 개발(DDD, Domain Driven Development), 동작 주도 개발(BDD, Behavior Driven Development) 모두 테스트와 관련된 개발에 속한다. TDD는 주로 단위 테스트 개발을 의미하고, DDD, BDD는 단위 테스트를 확장한 시스템 테스트나 통합 테스트를 의미하는 경우가 많다. 어떤 형태로 주도해서 개발을 하느냐는 사실 중요하지 않다. 중요한 것은 자신이 개발하고 있는 소프트웨어를 테스트하고 있느냐이다. 그리고 테스트 코드는 당연히 개발자가 만든다. 기획자, 코드 검증 담당자도 만들 수 있지만, 기본적으로는 해당 소프트웨어를 개발하는 개발자가 만들어야 한다.

테스트 작성을 주로 개발자가 하다 보니 개발자는 '기능을 개발할 시간도 부족한데 언제 테스트 코드까지 개발하냐?'라고 묻는다(사실 화를 낸다). 코드 컴플리트[2]에 의하면 개발자가 하루에 작성하는 코드는 10줄 내외라고 한다. 즉 하루에 1000줄 정도 쓴다면 고치는 데 100일 정도 소요된다는 것이다. 고치는 데 100일, 약 100번 정도 코드를 계속 들여다 봐야 한다면, 간단하게 테스트 코드를 짜놓는 게 시간을 줄일 수 있을 것이다. 이때 테스트 자동화가 돼 있으면, 시간은 훨씬 더 단축시킬 수 있다.

6.2 인프라 스트럭처 검증 프레임워크 kitchen

kitchen(https://kitchen.ci)은 인프라 스트럭처 검증을 위해 만들어진 프레임워크다. vagrant와 거의 유사하게 인스턴스 생성, 프로비저닝을 위한 기능이 들어가 있으며 무엇보다도 검증을 할 수 있는 다양한 라이브러리를 사용할 수 있어서 인프라 스트럭처를 검증할 때 최적의 도구다. kitchen은 5장에서 설명한 chefDK를 설치할 때 같이 포함된다. kitchen.yml에 정의된 내용을 바탕으로 실행되며 인스턴스를 만들고, 소프트웨어를 배치하고, 검증을 수행한다.

kitchen 설정 시 필요한 정보를 kitchen.yml 예제를 파일을 보면서 설명하겠다.

파일 6-1 kitchen.yml 샘플 파일

```
1:      ---
2:      driver:
3:        name: vagrant
4:
5:      provisioner:
6:        name: chef_zero
7:
8:      platforms:
9:        - name: ubuntu-18.04
```

---

2 『code complete』 steve mcConnel, Microsoft Press.

```
10:        - name: centos-7
11:
12:      suites:
13:        - name: client
14:          run_list:
15:            - recipe[postgresql::client]
16:          verifier:
17:            inspec_tests:
18:              - test/integration/default
19:        - name: server
20:          run_list:
21:            - recipe[postgresql::server]
22:          verifier:
23:            inspec_tests:
24:              - test/integration/default
```

- **Driver**: 2라인의 Driver는 검증을 수행할 인스턴스나 컨테이너를 띄울 하이퍼바이저나 하이퍼바이저 추상화 계층, 클라우드를 말한다. 파일 6-1에서는 vagrant를 사용해서 인스턴스를 생성하는 예제를 보여준다. vagrant 외에도 aws, google, digitalocean, openstack, terraform 등을 지원한다. 각 Driver별로 필요한 옵션을 입력하면 된다.

- **Provisioner**: Driver로 생성한 인스턴스나 컨테이너에 소프트웨어를 프로비전하는 방법을 지정한다. 파일 6-1에서는 chef-zero를 사용하도록 지정했다. chef-zero 이외에 ansible, puppet, 쉘 스크립트를 지정할 수 있다. 지정한 Provisioner별로 필요한 옵션을 추가로 입력한다.

- **Platforms**: 테스트를 실행할 기본 환경을 정의한다. 파일 6-1에서는 ubuntu-18.04와 centos-7을 기본 환경으로 사용하는 것을 예제로 보여준다. platform은 driver의 종류에 따라 추가적인 옵션을 입력해야 한다. 파일 6-1의 경우 driver가 vagrant이기 때문에 vagrant box 중에서 9~10라인에 표시된 box를 찾아서 사용한다.

- **suites**: Driver와 Platforms에서 생성한 인스턴스에 Provisioner에서 지

정한 프로비전 툴에서 필요한 내용을 정의한다. 파일 6-1에서는 프로비전 툴을 Chef-zero로 지정했기 때문에 suites에서는 recipe나 role 등을 지정한다. suites는 파일 6-1의 13, 19라인과 같이 suite의 이름을 정하고 필요한 프로비전 내용을 그룹화해서 관리할 수 있다. 파일 6-1의 15, 21라인에선 각각 postgresql 서버와 클라이언트를 설치하는 chef 레시피를 지정했다. 각 suite별로 검증을 위한 방법과 코드를 지정할 수 있는데 이 부분이 verifier다. verifier는 파일 6-1의 17라인에 표시된 InSpec(https://www.inspec.io)외에도 쉘, bats(https://github.com/test-kitchen/busser-bats/), ServerSpec(https://serverspec.org)과 같은 검증용 프레임워크와 코드 위치를 지정할 수 있다.

kitchen이 실행하는 테스트는 platforms의 개수 × suites의 개수만큼이다. 테스트의 이름은 'suite이름-platform' 형태로 표시되며 kitchen이 실행하는 전체 테스트는 'kitchen list'로 확인할 수 있다.

```
$ kitchen list

Instance Driver      Provisioner  Verifier  Transport  Last Action      Last Error
default-ubuntu-1804 Vagrant  ChefZero    Inspec     Ssh      <Not Created>  <None>
default-centos-7    Vagrant  ChefZero    Inspec     Ssh      <Not Created>  <None>
server-ubuntu-1804 Vagrant  ChefZero    Inspec     Ssh      <Not Created>  <None>
server-centos-7     Vagrant  ChefZero    Inspec     Ssh      <Not Created>  <None>
```

kitchen은 드라이버를 통해 생성하고, 프로비저너를 통해서 프로비전하고(이것을 kitchen에서는 converge라는 용어를 사용한다), 베리파이어를 통해서 검증한다. 각 단계별로 'suite이름-platform이름'을 인자로 줘서 개별적인 테스트도 할 수 있다. 각 단계별로 간단하게 설명하겠다.

- **kitchen create**(suite이름-platform이름): 드라이버를 통해서 인스턴스를 생성한다. 개별인자가 주어지면 해당 테스트용 인스턴스만 생성한다.
- **kitchen converge**(suite이름-platform이름): 생성된 인스턴스에 provisioner가

suite가 지정한 형태로 프로비전을 인스턴스를 대상으로 실행한다. 해당 인스턴스가 생성돼 있지 않다면 driver와 provision에 지정한 대로 인스턴스를 생성한다.

- **kitchen verify**(suite이름-platform이름): 이미 인스턴스가 생성되고 프로비전돼 있는 경우, verifier를 사용해서 검증한다. 인스턴스가 준비가 안돼 있거나 생성돼 있지 않은 경우 인스턴스를 생성하고 프로비전까지 수행한다. 검증이 정상적으로 완료되면 출력 스트림에 종료 값 0을 반환하고 종료한다. 이 값을 기준으로 테스트 툴(예: Jenkins)에서 테스트 통과 여부를 판단할 수 있다.
- **kitchen destroy**(suite이름-platform이름): 인스턴스를 삭제한다. suite와 플랫폼 이름이 인자로 제공되면 해당 인스턴스만 삭제한다.

간단하게 kitchen에 대해서 설명했다. 이제는 키친에서 실행하는 테스트 코드 자체를 설명하겠다. 테스트 코드는 파일 6-1의 18, 24라인에 정의한 것처럼 kitchen이란 명령어를 실행하는 디렉터리 아래 test/integration/default 디렉터리에 위치하면 된다. 여러 검증 툴이 요구하는 문법으로 테스트 코드를 작성하면 되는데, 여기서는 ServerSpec에서 요구하는 문법으로 작성해보겠다.

파일 6-2 ServerSpec 기반 테스트 코드 예제(default_test.rb)

```
1:      require 'serverspec'
2:
3:      set :backend, :exec
4:
5:      describe service('postgresql') do
6:        it { should be_enabled }
7:        it { should be_running }
8:      end
9:
10:     describe port('5432') do
11:       it { should be_listening }
12:     end
```

파일 6-2는 파일 6-1을 기반으로 postgresql이 잘 설치됐는지 검증하는 코드다. 1 라인은 테스트 전에 serverspec을 설치하란 의미이고 3라인은 테스트를 실행하는 방식을 지정한다. 파일 6-2는 'exec' 즉 로컬에서 실행한다는 의미이며 이외에도 ssh, docker 등을 지원한다.[3] 5라인은 postgresql이 OS 서비스로 등록돼 활성화돼 있고, 실행하는지를 확인하고 10라인은 postgresl이 네트워크 통신이 가능한지 확인하는 테스트다. 뿐만 아니라 원하는 DB가 설정돼 있는지와 같은 내용도 ServerSpec 내부 함수나 루비 코드를 사용해서 확인할 수 있다.

테스트 코드가 완성됐다면 'kitchen verify' 명령어를 통해서 인스턴스를 생성하고, 프로비전을 실행하고 마지막으로 테스트까지 실행한 결과를 확인할 수 있다.

```
$ kitchen verify default-ubuntu-1804
-----> Starting Kitchen (v1.3)
-----> Verifying <default-ubuntu-1804>...
       Loaded tests from {:path=>".Users.andrew.focus.git_cookbook.test.integration.
default"}

Profile: tests from {:path=>"/Users/andrew/focus/git_cookbook/test/integration/default"}
(tests from {:path=>".Users.andrew.focus.git_cookbook.test.integration.default"})
Version: (not specified)
Target:  ssh://vagrant@127.0.0.1:2222

  System Service postgresql
     ✔   should be enabled
     ✔   should be running
Port 5432
     ✔   should be listening

Test Summary: 1 successful, 0 failures, 0 skipped
       Finished verifying <default-ubuntu-1804> (0m0.78s).
-----> Kitchen is finished. (0m0.99s)
```

---

3   자세한 내용은 ServerSpec 사이트를 참고하자(https://serverspec.org).

kitchen verify가 검증을 완료하면 위와 같이 성공한 케이스successful, 실패한 케이스failure, 건너뛴 케이스skipped를 확인할 수 있다. 위의 결과에서 3개의 테스트가 이슈 없이 잘 통과된 것을 확인할 수 있다.

이번 절에서 확인할 수 있듯이, 프로비전 코드나 배치 코드를 잘 만들어두면 테스트 코드를 만들기도 크게 어렵지 않다. 테스트용 프레임워크에 기존에 만들어둔 배치 코드를 사용하고, 거기에 검증용 코드만 추가하면 아주 편리하고 빠르게 테스트 시스템을 만들 수 있다. 즉 3~5장에 걸쳐서 이야기한 개발환경 자동화와 배치 코드 자동화가 테스트 자동화까지 연결될 수 있는 것이다. 프로비저너에 따라 다르겠지만, 기존 배치 코드를 Chef로 했다면 kitchen에서 suites 항목에 적당한 서비스별로 레시피와 롤을 사용하기만 하면 된다.

물론 자동 테스트 환경이기 때문에 kitchen의 provisioner 설정에 테스트 환경이란 정보를 environement에 넣어줘야 한다. 환경에 따라 적절히 쿡북과 롤이 동작하도록 코드를 만들어 둬야 한다. 테스트를 자동화하기로 했다면 3장의 CMMI-DEV 성숙도 단계에서 설명한 것처럼 배치 코드도 어느 정도 자동화를 한 상황이기 때문에 완전히 처음부터 다시 개발을 하지 않아도 된다. 단지 environment 하나 정도를 추가하고 코드 몇 줄 정도만 수정하면 된다.

6.3 테스트 자동화하기

6.1절에서 대규모 서비스개발에 있어서 가장 중요한 것이 테스트를 자동화하는 것이고, 테스트를 파이프라인 형태로 만드는 것이라고 했다. 6.2절에서 테스트를 특정 프레임워크kitchen를 사용해서 실행하는 방법을 설명했다. 이 프레임워크를 자동으로 실행하게만 만들면 된다. 그렇다면 남은 문제는 이 '자동실행을 어디서, 언제 하나'라는 부분만 해결하면 된다.

'어디서'는 너무 간단하다. 테스트용 도구인 젠킨스(https://jenkins.io)를 특정 인스턴스나 서버에 설치하고 'kitchen verify'를 실행할 수 있는 환경을 만들어 주면 된다. 젠킨스에서는 테스트를 실행하기 위한 다양한 방법을 제공하지만, 자동 테스트 파이프라인을 만드는 파이프라인pipe-line 플러그인을 사용하면 간편하게 파이프라인과 자동 테스트를 만들 수 있다. 젠킨스 파이프라인 플러그인은 그림 6-1과 같은 사용자 인터페이스를 가지며, script란에 그루비groovy 기반의 스크립트를 작성하거나 jenkinsfile이라는 파일 내에 스크립트를 작성하고 위치를 지정하면 스크립트에 지정한 흐름대로 테스트와 배치까지 실행할 수 있다.

그림 6-1 젠킨스 파이프라인 플러그인 화면

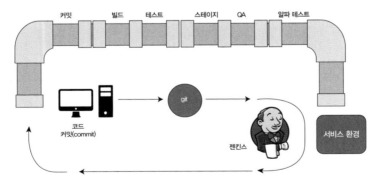

그림 6-2 젠킨스 파이프라인 플러그인 흐름도

젠킨스^{jenkins} 파이프라인 플러그인은 그림 6-2와 같이 개발^{development} 단계부터 서비스 Production 과정까지를 여러 스테이지(키워드 stage)로 구분한다. 각 스테이지별로 테스트나 수행과정을 만들어두고, 성공 또는 실패하는 경우에 따라서 다양한 흐름을 그루비 기반의 DSL^{Domain Specific Language}로 만들 수 있다. 이 흐름의 시작을 Git과 연동시킬 수 있다. 그림 6-2와 같은 구성을 CI/CD^{Continuous Integration, Continuous Deployment}라고 한다.

젠킨스 파일은 다음과 같은 형태로 구성된다.

파일 6-3 Jenkinsfile 샘플 예제

```
1:      pipeline {
2:          agent any
3:          stages {
4:              stage('Stage 1') {
5:                  steps {
6:                      echo 'Hello world!'
7:                      sh 'exit -1'
8:                  }
9:              }
10:         }
11:         post {
12:             failure {
13:                 echo 'Test failed!'
14:             }
15:         }
16:     }
```

2: agent는 젠킨스가 할당할 슬레이브 노드를 지정한다. 젠킨스에서 지정한 슬레이브의 이름을 입력하면 해당 슬레이브에서 작업을 실행한다. any로 지정할 경우 모든 슬레이브 서버에서도 실행할 수 있다.

4: 파이프라인을 구성하는 각 단위를 stage 키워드로 등록하고 이름을 등록한다. 이후 젠킨스 파이프라인 화면에서 보면, Stage 1로 보인다. 하나의 파이프라인 안에는

여러 개의 stage가 가능하다.

5: 1개의 stage는 여러 개의 단계가 있을 경우 steps란 키워드를 사용한 다음 젠킨스 플러그인에서 지원하는 다양한 작업 단계를[4] 실행한다.

6: steps 안에서 실행하는 echo(화면에 출력한다) 키워드를 통해 Hello world!를 젠킨스 실행화면에 출력한다. 다음 sh 단계는 2라인에서 지정한 노드에서 쉘 명령어를 실행한다. exit -1을 실행해서 비정상 종료를 강제적으로 만들었다.

11~13: stages나 step의 실행 결과에 따라 사후 작업을 진행할 때 사용하는 키워드다. 12라인에 failure는 비정상 종료일 때 동작하도록 하는 키워드다. 파일 6-3의 7라인에서 비정상 종료로 끝났기 때문에 13라인인 Test failed 메시지가 실행된다.

그림 6-2와 같이 다양한 테스트 파이프라인을 만들기 위해서는 Jenkinsfile에 여러 stage나 step을 추가하면 된다. 그리고 만든 젠킨스 파일을 Git 소스에 추가시킨 다음 해당 파일의 경로를 지정하거나 Jenkinsfile의 내용을 그림 6-1의 script에 복사하면 테스트 파이프라인을 사용할 준비가 다 된 것이다.

자동으로 테스트하기 위해서 남은 것은 그림 6-2에서 코드를 Git에 커밋할 때 젠킨스가 이 이벤트를 받아서 해당 Git 저장소를 복사하고 정해진 테스트 파이프라인을 실행하도록 하는 것이다. 젠킨스에는 그림 6-3과 같이 'build triggers'라는 옵션이 있다. 여기서 적당한 이벤트를 선정해서 설정하면 된다.

> **NOTE**
>
> git을 통해 자동으로 테스트할 때 가장 효과적이고 좋은 시점은 저장소에 누군가가 pull request(저장소의 주인이 아닌 사람이 만든, '내가 당신 코드에 변경한 것을 당겨서 가져가 주세요'의 의미다)가 왔을 때이다. 그래야만 다른 사람이 만든 코드에 대한 안정성을 큰 어려움 없이 확인할 수 있기 때문이다.

---

4 좀더 자세한 설명은 http://jenkins.io/doc/pipeline/steps/를 참조하면 된다.

그림 6-3 젠킨스 테스트 시점 관련 설정 창

그림 6-3에서는 **Github pull Request Builder**를 선택해서 GitHub에 pull request 이벤트가 발생하면 정해진 테스트 파이프라인이 실행되도록 했다. 이때 GitHub 인증 설정을 해두면 된다. 그림 6-3 아랫 부분의 **Use github hooks for build triggering**을 설정하면 github hook을 조절해서 특정 이벤트가 발생할 때 테스트를 실행할 수 있다.

여기까지 했으면 우리가 만든 클라우드 서비스를 자동으로 만들 준비가 완료됐다. 다음 절에서는 kfield에 적용된 테스트 구성을 통해 실제적으로는 어떻게 이 프레임워크가 연결되는지 알아볼 것이다.

6.4 kfield의 테스트 구조

kfield는 kitchen을 통해서 테스트를 실행한다. 이 내용은 kfiled 디렉터리 내의 kitchen.yml을 통해서 확인할 수 있다.

파일 6-4 kfield의 .kitchen.yml

```
1:       ---
2:       driver:
3:         name: openstack
4:         server_name_prefix: 'dceval'
5:         server_domain: 'default/'
6:         openstack_username: 'default'
7:         openstack_tenant: 'openstack'
8:         openstack_api_key: 'openstack'
9:         openstack_auth_url: 'https://your_keystone_public_auth:5000/v2.0/tokens'
10:        openstack_region: 'openstack'
11:        flavor_ref: 'm1.large'
12:        username: 'root'
13:        key_name: 'yourkey'
14:        private_key_path: '.yourkey..pem'
15:        availability_zone: 'openstack'
16:      transport:
17:        ssh_key: '.openstack/ccc-andrew.pem'
18:        connection_timeout: 10
19:        connection_retries: 5
20:        username: 'root'
21:
22:      driver_config:
23:        image_ref: <%= ENV['image_ref'] %>
24:
25:      provisioner:
26:        name: chef_zero
27:        require_chef_omnibus: 12.10.24
28:        chef_omnibus_url: 'http://ftp.yoursite.com/install.sh'
29:        roles_path: ./.json/roles/
30:        environments_path: ./.json/environments/
```

```
31:          platforms:
32:            - name: ubuntu-14
33:              driver_config:
34:                image_ref: kfield-trusty
35:            - name: ubuntu-16
36:              driver_config:
37:                image_ref: kfield-xenial
38:          suites:
39:            - name: default
40:              run_list:
41:                - role[base]
42:                - role[openstack-mysql]
43:                - role[memcached]
44:                - role[openstack-rabbitmq]
45:                - role[openstack-api-rabbitmq]
46:                - role[openstack-trove-rabbitmq]
47:                - role[openstack-control]
48:                - role[openstack-compute]
49:              attributes:
50:                provisioner:
51:                  client_rb:
52:                    environment: jenkins
53:            - name: 32bit
54:              run_list:
55:                - role[base]
56:                - role[openstack-mysql]
57:                - role[memcached]
58:                - role[openstack-rabbitmq]
59:                - role[openstack-api-rabbitmq]
60:                - role[openstack-trove-rabbitmq]
61:                - role[openstack-control]
62:                - role[neutron-lbaas-agent]
63:                - role[openstack-compute]
64:                - role[neutron-l3-agent]
65:              attributes:
66:                neutron:
67:                  host_route:
```

```
68:                    enable_route: true
69:                    route_ip_cidr: "10.252.200.200/24"
70:                    neighbor: "10.252.200.254"
71:                    static_routes: "0.0.0.0/0:10.252.200.254"
72:                    storage_ip_cidr: "10.252.200.100/24"
73:                    ibgp_as: 10101
74:           provisioner:
75:             client_rb:
76:               environment: jenkins_32
```

1~20: kfield는 openstack을 kitchen 드라이버로 사용한다.[5] 오픈스택 드라이버에 필요한 각종 정보가 들어간다.

22: kitchen 테스트에 필요한 오픈스택 이미지 이름을 변수로 받아온다. 클라우드 서비스를 오래 하다 보면, 서비스가 돌아가는 기본 OS의 버전이 다양해질 수밖에 없다. 테스트를 위한 베이스 이미지를 각 OS별로 만들어 두고, 변경사항이 있을 때 각 OS별로 테스트를 해야 할 때 이렇게 이미지 이름을 변수로 주면 kitchen.yml 파일을 각 OS 종류별로 만들지 않아도 된다. 이 변수 이름은 31라인에 등록된 플랫폼 설정의 image_ref라는 값에서 가져온다.

25~30: kfield는 기본적으로 chef를 설정 자동화 도구로 사용하기 때문에 kitchen에서도 chef를 사용한다(앞 절에서도 설명했지만, chef_zero는 chef의 경량화 버전이다).

31~37: 23라인에서 사용할 image_ref 값을 각 플랫폼별로 등록한다. 이 버전에서의 테스트는 kfield-xenial을 사용한 16.04까지의 테스트를 실행하지만, 최신 버전인 ubuntu-18.04도 테스트해 보려면 name과 image_ref에 18.04 관련 내용을 넣고 오픈스택 클라우드에 해당 이미지를 올려두기만 하면 된다.

39~64: kfield는 공개된 버전이 실행될 때까지만 해도 오픈스택의 VLAN과 카카

---

5   openstack on openstack 개념의 테스트다. 이상하게 느껴지겠지만, 테스트를 위해 오픈스택 클라우드를 사용한다고 생각하면 조금 이해가 쉬워질 것이다.

오 네트워크 모델(32비트 서브넷 네트워크 모델)이 공존했기 때문에 두 가지 환경을 모두 테스트해야만 했다. 그래서 suites에 2개를 만들었고(default, 32bit) kitchen 드라이버가 만든 오픈스택 인스턴스를 기본으로 chef 롤을 실행시켜서 자동으로 아주 간단한 오픈스택을 만들도록 했다. 공개된 버전의 경우 1개의 인스턴스에 모든 API와 에이전트를 다 설치하는 형태의 all-in-one 모드의 테스트다[6]. 여기에 사용되는 chef용 롤은 별도로 만들지 않고, 쿡북 내부에서 환경에 따라서(52라인, 76라인의 chef environment 값을 활용한다) 적절히 분기해서 처리했다. 그래서 별도의 개발을 하지 않아도 된다. 이런 방법은 모두 최소한의 노력으로 최대한의 상사성^{similarity}을 유지하기 위한 방안이다.

65~76: 32비트 환경을 위해서 별도의 설정 값을 지정한 부분이다.

자동으로 테스트용 인스턴스를 만드는 부분은 kitchen.yml이 담당한다. 이 인스턴스를 통해서 통합 테스트를 실행해야만 변경된 부분을 포함한 상태에서 IaaS 서비스가 잘 돌아가는지 확인할 수 있다. kfield는 이 테스트를 위해서 2가지를 사용한다. 하나는 Serverspec을 통한 API용 포트와 설정은 올바르게 돼 있는지를 테스트하고, 나머지 하나는 bats 테스트를 통해서 IaaS 서비스가 실제로 동작하는지 테스트한다.

먼저, Serverspec용 테스트는 /test/integration/32bit/serverspec/api_spec.rb에 있다.

파일 6-5 kfield API 동작확인용 파일(api_spec.rb)

```
1:      require 'spec_helper'
2:
3:      listening_ports = {
4:        keystone: 35357,
5:        neutron_server: 9696,
```

---

6 처음엔 간단한 체크를 위해서 이렇게 개발했지만 점점 클라우드 서비스가 확장되면서 all-in-one모드로는 상사성을 맞추기가 어려워졌다. 그래서 현재의 버전은 여러 개의 인스턴스를 통해서 실 서비스 환경과 최대한 유사하게 자동으로 만들도록 돼 있다. 이 버전도 곧 공개될 예정이다. 공개가 늦어지는 이유는 기업 보안 이슈보다 다른 일들이 워낙 밀려서이다.

```
6:          glance_api: 9292,
7:          nova_api: 8774,
8:          cinder_api: 8776,
9:          keystone_admin: 5000,
10:         mysql: 3306,
11:         memcached: 11211,
12:         heat_api: 8004,
13:         heat_api_cfn: 8000,
14:         heat_api_cloudwatch: 8003,
15:         trove_api: 8779,
16:         apache2: 80,
17:         octavia_api: 9876,
18:         octavia_health_manager: 5555,
19:         rabbitmq: 5672
20:      }
21:
22:      listening_ports.each_value do |value|
23:        describe port(value) do
24:          it { should be_listening }
25:        end
26:      end
```

파일 6-5의 1~19라인까지 all-in-one 형태의 오픈스택에서 동작(24라인의 should be_listening 부분)하고 있는지를 확인한다. 이 테스트를 통과하면 필요한 데몬과 서버 프로세스가 특정 포트를 열고 동작하는지 확인할 수 있다.

하지만 어떤 경우는 네트워크 포트는 열려있으나 실제로 API가 여러 이유로 동작하지 않는 경우가 빈번하다. API가 실제로 동작하는지에 대한 확인은 bats를 통해서 한다. bats는 배쉬 스크립트 기반의 테스팅 프레임워크여서 아주 간단하지만 강력한 테스트를 실행할 수 있다. bats용 테스트 파일은 kfiled/test/integration/32bit/bats 아래에 config_check.bats, vm_create.bash, vm_create.bats 파일이다. 먼저 config_chef.bats 파일의 내용을 간략하게 보겠다. 파일 6-6에서 설정확인용 테스트를 일부만 소개한다.

파일 6-6 kfield의 설정확인 테스트용 파일(config.bats)

```
1:      #!/usr/bin/env bats
2:
3:      @test "rabbitmq: check ulimit" {
4:        result="$(cat /proc/$(ps -ef | grep rabbitmq_server | grep -v grep | head -n1 |
                 awk '{print $2}')/limits | awk /'Max open files'/{'print $4'})"
5:        [ "$result" -gt 1024 ]
6:      }
7:
8:      @test "keystone: check using memcache_pool backend" {
9:        cat /etc/keystone/keystone.conf | grep -w 'backend = oslo_cache.memcache_pool'
10:     }
11:
12:     @test "keystone: check inhouse sso" {
          grep inhouse-sso /etc/keystone/keystone.conf
```

3: rabbitMQ라는 메시지 큐 설정에서 메모리에서 처리 가능한 열린 파일의 개수가 1024가 넘는지 확인하는 것이다.

8: 오픈스택의 keystone이란 서비스에서 memcache를 토큰 백엔드로 사용하는지 체크하는 것이다.

12: 이 버전이 공개됐을 때 카카오의 IaaS는 내부인증용 서비스인 inhouse sso라는 서비스를 별도로 사용했다. 그래서 keystone.conf에 이 설정이 있는지 확인하는 것이다. 파일 6-6에 있는 내용은 클라우드 서비스 운영 중에 해당 설정이 빠져서 장애를 겪고 난 다음에 작성된 경우가 대부분이다. 이런 식으로 테스트를 함으로써 처음 장애는 어쩔 수 없다 하더라도 두 번째는 같은 이유로 장애를 겪지 않을 수 있다.

설정 관련한 테스트가 끝났으면 실제로 가상머신을 만들어서 API가 실제로 정상적인 동작을 하는지 확인해 볼 차례다. vm_create.bats와 vm_create.bash가 이 역할을 담당한다. 먼저 vm_create.bats를 보자.

파일 6-7 VM 생성 확인용 테스트 파일(vm_create.bats)

```
1:      #!/usr/bin/env bats
```

```
2:
3:      load vm_create
4:
5:      @test "create neutron network" {
6:          echo "loadingg.. fucntion"
7:          run make_vm
8:          echo $output
9:          [ "$status" -eq 0 ]
10:     }
```

3: 같은 디렉터리의 vm_create.bash를 로딩해서, 해당 스크립트 안에 있는 함수를
사용할 수 있게 한다.

7~9: vm_create.bash 내에 있는 make_vm이란 함수를 호출한다. 이 함수의 결과에
따라 테스트 성공 실패를 나타낸다(9라인).

이제 마지막으로 vm_create.bats가 호출하는 vm_create.bash를 살펴볼 차례다.

파일 6-8 테스트 내에서 API 동작을 확인하는 vm_create.bash 스크립트

```
1:      if [ "$NET_TYPE" == "hostroute" ];then
2:          ROUTER_NAME=router1
3:          PUB_NET_NAME=public
4:          echo "5. creating neutron network - public"
5:          PUB_NET_ID=$(neutron net-create $PUB_NET_NAME --router:external | awk '/ id /
                {print $4}'
6:          echo "7. creating router"
7:          neutron router-create $ROUTER_NAME
8:          echo "8. config router"
9:          neutron router-interface-add $ROUTER_NAME port="$ROUTER_PORT_ID"
10:         neutron router-gateway-set $ROUTER_NAME "$PUB_NET_ID" --disable-snat
11:         for l3_agent_id in $(neutron agent-list | awk '/L3 agent/{print $2}'); do
12:             neutron l3-agent-router-add "$l3_agent_id" $ROUTER_NAME
13:         done
14:         echo
15:
```

```
16:          echo "9. creating firewall rule"
17:          FW_RULE=$(neutron firewall-rule-create --source-ip-address 10.252.100.0/16
                --destination-ip-address  10.252.110.0/16 --protocol tcp --destination-port
                3306:3307 --action deny | awk '/ id /{print $4}')
18:          echo "FIREWALL RULE: $FW_RULE"
19:          echo
20:          echo "10. creating firewall policy"
21:          FW_POLICY=$(neutron firewall-policy-create --firewall-rules "$FW_RULE" policy |
                awk '/ id /{print $4}')
22:          echo "FIREWALL POLICY: $FW_POLICY"
23:          echo
24:          echo "11. creating firewall"
25:          neutron firewall-create --router $ROUTER_NAME --name firewall "$FW_POLICY"
26:          echo
27:      fi
28:
29:      echo "a. add availability zone"
30:      COMPUTE=$(nova service-list | grep nova-compute  | grep nova | awk '{ print $6}')
31:      nova aggregate-create ${NET_NAME} ${NET_NAME}
32:      for c in $COMPUTE; do
33:          nova aggregate-add-host ${NET_NAME} "${c}"
34:      done
35:      nova aggregate-set-metadata ${NET_NAME} networks=${NET_NAME}
36:
37:      echo "b. setup securtiy group "
38:      nova secgroup-add-rule default icmp -1 -1 0.0.0.0/0
39:      nova secgroup-add-rule default tcp 22 22 0.0.0.0/0
40:      nova keypair-add default > /tmp/"${OS_USERNAME}".pem
41:      chmod 0600 /tmp/"${OS_USERNAME}".pem
42:
43:      echo "c. get ubuntu image"
44:      service glance-registry restart
45:      sleep 5
46:
47:      echo "d. create vm"
48:      nova boot --flavor=m1.small --availability-zone=${NET_NAME} --image=ubuntu-14.04
--key_name=default --poll test${RANDOM}${RANDOM}
```

1~6: 오픈스택의 floating_ip[7]를 위한 네트워크를 만든다.

7~14: 뉴트론[neutron]이라는 오픈스택 네트워크 서비스 API를 통해 라우터도 l3_agent 에 할당한다.

17~27: 방화벽[firewall] 정책을 만들고(17라인, 출발지가 10.252.100.0/16이고 목적지가 10.252.100.0/16이면서 목적지 포트가 3306:3307을 가지고 있으면 막는다), 만든 **방화벽** 정책을 뉴트론 방화벽 서비스에 등록한다.

29~35: 가용성[availiablity]존을 만든다.

37~45: 가상머신을 만들기 위한 보안그룹과 keypair를 만든다.

48: 마지막으로 가상머신을 만들어 본다.

kitchen에서 serverspec, bats를 통해 자동으로 테스트를 실행할 수 있도록 준비가 완료됐다. 이제 Jenkinsfile을 통해 실제로 자동으로 실행되게 하면 된다. 파일 6-9 에 일부 소개하는 jenkinsfile 파일은 kfield/.jenkins/ci/에 위치한다.

파일 6-9 kfield용 jenkinsfile 일부

```
1:        stage('Lint') {
2:            steps {
3:              script {
4:                def lint_workflows = [:]
5:                LINT_SUITES.each { name, command ->
6:                  lint_workflows["Lint: $name"] = {
7:                    docker_run(
8:                      TEST_IMAGE_NAME, command,
9:                      FAILS_JOB_WHEN_LINT_FAILED)
10:                   }
11:               }
12:             parallel lint_workflows
13:           }
```

---

7 아마존의 elastic ip와 같은 기능으로 고정된 IP를 할당/해제할 수 있는 기능이다.

```
14:          }
15:        }
16:
17:        stage('Prepare: Test Environment') {
18:          steps {
19:            script {
20:              def workspace = pwd()
21:              def build_number = env.BUILD_NUMBER
22:
23:              kitchen_root = "$workspace/$build_number"
24:              test_image = """-e KITCHEN_PREFIX=ci$build_number \
25:                -v $kitchen_root/.json/:/work/.json:z \
26:                -v $kitchen_root/.kitchen/:/work/.kitchen:z \
27:                $TEST_IMAGE_NAME"""
28:
29:              echo "kitchen_root: $kitchen_root"
30:              echo "docker_opt: $test_image"
31:            }
32:          }
33:        }
34:
35:        stage('Test') {
36:          steps {
37:            script {
38:              def kitchen_workflows = [:]
39:              KITCHEN_TARGETS.each { target ->
40:                kitchen_workflows[target] = {
41:                  run_kitchen_test(
42:                    test_image, kitchen_root, target,
43:                    FAILS_JOB_WHEN_KITCHEN_FAILED)
44:                }
45:              }
46:              parallel kitchen_workflows
47:            }
48:          }
49:        }
50:      }
```

1~15: 가장 먼저 린트[lint] 테스트를 실행한다. 린트 테스트는 소스 코드를 분석해 프로그램 오류, 버그, 스타일 오류를 검사한다. 린트 테스트를 통해서 강제로 코드 포맷이 통일되고 이 테스트를 통과하지 못하면 마스터코드에 반영되지 않는다. 코드 스타일은 아무것도 아니지만 이것으로 어떤 것이 맞고 그른지 서로 싸우는 경우가 흔하다. 린트 테스트에 아무 포맷이나 넣어서 돌리면 테스트를 실행하는 자(즉 젠킨스)를 미워하기 시작한다. 대신 사람들은 평화롭게 지낼 수 있다.

17~33: kitchen 테스트를 실행하기 위한 준비를 한다. 특이한 것은 kitchen 테스트 환경을 도커 이미지로 만든다는 것이다. 이야기한 테스트 프레임워크(kitchen, kitchen.yml, config.bats, vm_create.bats 등)를 다 포함한 도커 이미지를 각 버전 별로 준비한다.

35~50: 각 환경[target]별로 준비된 kitchen 도커 이미지로 도커를 실행한 후, 도커 안에서 kitchen verify 명령어를 통해 테스트를 실행한다.

이렇게 jenkinsfile이 완성됐으면, 젠킨스를 하나 설치하고 pipeline 플러그인을 설정하고 6.3절에 이야기한 것처럼 build trigger를 설정하면 자동 테스트가 완성된다. 그림 6-4와 같은 테스트 파이프라인이 완성된다.

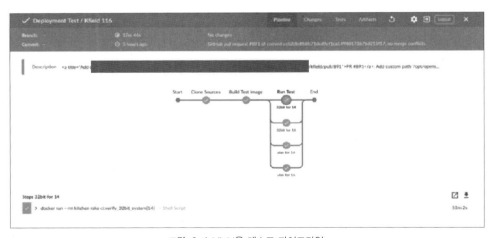

그림 6-4 kfield용 테스트 파이프라인

3장에서 이야기한 CMMI-DEV를 지속적으로 진행하기 위한 환경이 그림 6-5처럼 만들어졌다.

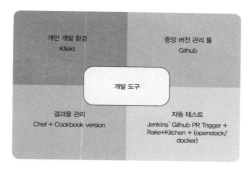

그림 6-5 CCMI-DEV를 위한 환경 구성

이 결과물을 가지고 개발하는 과정은 그림 6-5와 같다.

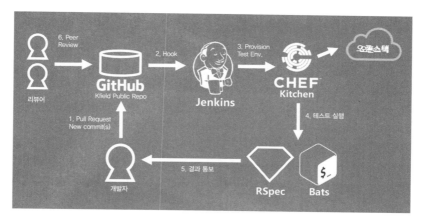

그림 6-6 kfield를 통해 개발하기

1. 개발자가 자신이 만든 코드를 GitHub에 pull request를 만든다.

2. GitHub는 이 이벤트를 젠킨스에 보낸다.

3. 젠킨스는 chef/kitchen을 통해 오픈스택에 all-in-one 오픈스택을 별도로 만든다.

4. Rspec[serverspec], Batch 테스트를 통해 신규 기능을 포함한 모든 동작이 정상적으로 이뤄지는지 확인한다.

5. 결과가 개발자한테 자동으로 알려진다(이때 동료한테도 단체 메시지 창을 통해 결과가 공유된다).

6. 동료 개발자나 시니어 개발자가 코드 내용을 보고, 문제가 없다고 판단되면 해당 코드를 합친다.

그림 6-6에서의 핵심은 지금까지의 과정 동안 손으로 하는 작업은 코드 작성 외에는 하나도 없었다는 것이다. 어디에서도 코드를 어디로 이관하고, 복사하고, 설치하는 내용이 없었다. 이렇게 하지 않으면, 적정한 인원으로 서비스를 유지할 수도 없다. 그림 6-6의 6번 항목을 보면 상호 검토[peer review]가 있으며 테스트가 완료된 후에 보는 리뷰이기 때문에 가장 원초적인 불안함인 '이 코드가 정말 문제없이 잘 실행되는 건가?'라는 것은 합의된 선에서 해결된 상황이 됐다. kfield의 경우에는 린트 테스트와 API 테스트 가상머신 생성 테스트까지 마친 상태이기 때문에, 코드 포맷도 따로 이야기 할게 없다.

리뷰때 이야기해야 하는 것은 코드 자체의 내용과 질적인 부분이다. 클래스의 디자인 패턴이나, 빅오[Big O 8]와 같은 좀더 심도 깊은 리뷰를 할 수 있으며 리뷰 시간도 굉장히 짧아진다. 그림 6-7에 상호 검토를 GitHub의 pull-request를 기반으로 하는 예시를 보여준다. 리뷰어는 이 코드가 테스트는 정상적으로 통과한 것은 확인했지만, 좀더 유연한 형태의 코드가 되도록 변경을 요청하고, 개발자는 이 요청을 받아들여서 적용하려는 것을 확인할 수 있다.

---

8 Big O. 해당 코드에 요청이 리니어(linear)하게 증가할 때, 응답 속도가 어떻게 되는지 예측하는 법

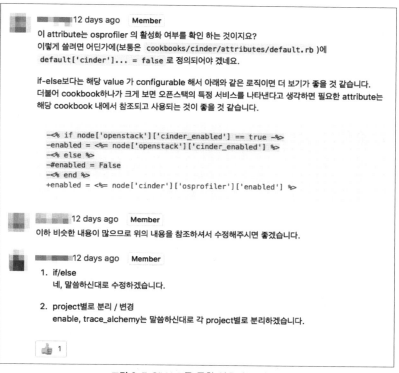

안의 텍스트:
12 days ago Member
이 attribute는 osprofiler 의 활성화 여부를 확인 하는 것이지요?
이렇게 쓸려면 어딘가에(보통은 `cookbooks/cinder/attributes/default.rb`)에
`default['cinder']... = false` 로 정의되어야 겠네요.

if-else보다는 해당 value 가 configurable 해서 아래와 같은 로직이면 더 보기가 좋을 것 같습니다.
더불어 cookbook하나가 크게 보면 오픈스택의 특정 서비스를 나타낸다고 생각하면 필요한 attribute는
해당 cookbook 내에서 참조되고 사용되는 것이 좋을 것 같습니다.

```
-<% if node['openstack']['cinder_enabled'] == true -%>
-enabled = <%= node['openstack']['cinder_enabled'] %>
-<% else %>
-#enabled = False
-<% end %>
+enabled = <%= node['cinder']['osprofiler']['enabled'] %>
```

12 days ago Member
이하 비슷한 내용이 많으므로 위의 내용을 참조하셔서 수정해주시면 좋겠습니다.

12 days ago Member
1. if/else
   네, 말씀하신대로 수정하겠습니다.

2. project별로 분리 / 변경
   enable, trace_alchemy는 말씀하신대로 각 project별로 분리하겠습니다.

👍 1

그림 6-7 GibHub를 통한 상호리뷰 예시

이런 리뷰 가운데서도 일단 합의된 수준에서의 테스트는 통과를 한 상태이기 때문에 서로 신뢰를 가지고 차분하게 리뷰를 간단하게 진행할 수 있다. 이 리뷰 코멘트는 항상 공개된 형태로 유지해야 한다. 내 코멘트를 '누군가가 볼 수 있다'는 것이 코멘트의 내용을 상당히 부드럽게 만들 수 있고, 리뷰어와 개발자간의 상호 존중을 이끌 수 있다.

6.5 CMMI-DEV 관점에서의 단계

6장까지 개발된 IaaS 프레임워크를 CMMI-DEV 관점에서 살펴보도록 하겠다.

6.5.1 문화와 조직 관점에서의 단계

같은 조직 내의 다른 사람 또는 다른 조직의 사람과 상호 연관되는 제품을 개발하려고 5장에서는 개발 기획 시에 같이 계획하고 나중에 시연을 보여주면서 참여시키는 형태를 이야기했다. 이렇게 계속 개발을 진행하는 것은 클라우드 개발팀을 내부 SI^System Integration용 조직으로 자리매김시킬 수 있는 위험이 있으므로 스크럼 마스터나 리더가 적절히 조율해야 한다고 했다.

5장에선 협의를 통해 내부 인원이나 다른 조직이 일을 나눠서 가져가려고 해도, 나뉘어진 일을 다시 통합하기가 어려웠다. 왜냐하면 다른 사람들이 뭔가를 하면 대부분은 버그나 장애를 동반하는데 이것을 일일이 추적하면서 확인하고 리뷰하고 적용하기가 어렵기 때문이다.

이런 상황에서는 사람을 더 늘리거나 조직을 더 추가하면 대부분 회의만 하다가 시간을 허비하게 되고 제품 개발은 더더욱 느려지게 된다. 제품을 빠르고 널리 사용하게 만들기 위해서 사람을 더 붙였는데 더 느려지는 효과를 가져오게 된다. 하지만 자동 테스트를 구성하고 나면 훨씬 더 쉽게 협업할 수 있다.

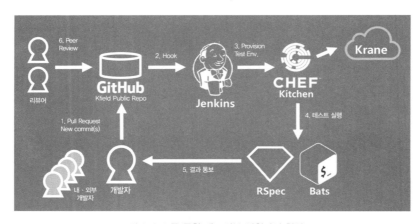

그림 6-8 CI를 통한 내·외부 인원과의 협업

그림 6-8은 그림 6-7에서 내 · 외부 개발자가 늘었을 때 자동화 테스트를 사용해 지속적인 통합을 하는 예를 보여준다. 개발자가 늘어나더라도 6번의 리뷰어의 일이 좀 많아지는 것 같지만 이마저도 테스트를 더 많이 실행하면 굳이 리뷰어가 검토해야 하는 일을 줄일 수 있다. 다른 조직에 일을 나눠줄 때도 로컬 개발환경 구성과 CI가 어떻게 돌아가는지 설명해주고, 개발한 결과는 테스트가 실행되도록 하면 서로 큰 마찰 없이 일을 나눌 수 있다. 다만 테스트를 실행할 리소스와 젠킨스가 멀티 테스트가 가능하게만 해두면 된다.

이렇게 테스트를 통해서 통합 프로세스를 만들어 두면, 거꾸로 이 테스트를 기준으로 각 팀이나 조직 별로 필요한 기능과 오너쉽을 가져갈 수 있고 자신들이 원하는 대로 마음껏 변형시킬 수도 있다. 클라우드 개발팀도 다른 조직의 로드맵이나 기능 변경 등에 더 이상 구애 받지 않고 개발할 수 있는 '따로 하지만 같이' 제품을 만들 수 있는 환경이 된다.

6.5.2 디자인과 아키텍처 단계

IaaS 프레임워크가 어느 정도 자리를 잡게 됐고, 유관조직과의 협업들도 실행할 수 있게 됐다. 여기서 만들어진 설정 자동화 코드를 통해, 조직이 가진 여러 가지 환경(약 5종) 그리고 7장에서 설명할 새로운 네트워크 기능까지(약 3종류) 모두 합해 배포가 가능한 형태로 개발해야 했다.

이 단계를 '정의' 단계로 생각할 수 있겠다. 이 단계에서는 하나의 설정 코드로 많은 것을 고려해야 하기 때문에 적절한 추상화를 통해서 정보를 은닉하고 좀 더 개발과 분리하는 형태로 발전해야 한다. 그리고 시간에 따른 도구의 개발 속도 등도 고려해야 한다. 처음 이 프레임워크를 만들 때 적당한 자동화 도구는 chef처럼 보였지만 시간이 흐름에 따라서 엔서블(ansible.com)이 더 대중적인 설정 자동화 도구로 인기를 끌었다. chef는 서버, 클라이언트도 설치해야 하고 knife와 같은 별도의 툴을 사용해야 하는 번거로움이 있었지만 앤서블은 실행되는 서버와 설정을 해야 하는 서버 간에 ssh만 연결돼 있으면 간단하게 설정을 자동화할 수 있는 장점 때문이었다.

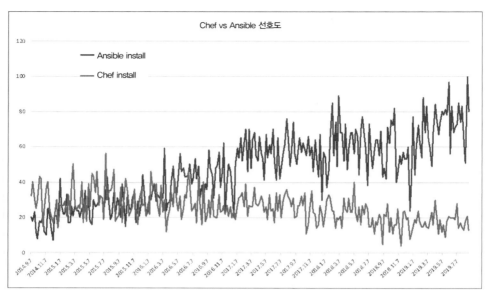

그림 6-9 chef와 앤서블(ansible)간의 선호도 비교(by 구글 트랜드)

그림 6-9에서도 알 수 있듯이 특정 시점(2015년 하순. 이때 레드햇이 앤서블을 인수했다)을 계기로 chef보다는 앤서블에 대한 검색 내용이 훨씬 많은 것을 알 수 있다. 앤서블은 기존의 쉘 스크립트를 대체하기에 적당한 자동화 툴이다. 그리고 ssh로 설정할 서버에 각각 접근하기 때문에 간편하다는 장점이 분명히 있지만, 이런 장점만으로 자동화 도구를 갑자기 바꾸는 것은 어리석은 일이다. chef로 자동화 코드를 만들다 보면 루비가 주는 어색함, 쿡북 간의 의존관계로 인한 실행의 복잡성보다 더 어려운 부분은 바로 여러분들이 자동화 코드로 만들어야 하는 서비스의 복잡성이다.

서비스가 성장하면 당연히 여러 사항을 포함해야 하기 때문에 서비스 코드가 복잡해진다. 특히 인프라와 관련된 코드는 시간이 갈수록 적용되는 인프라가 다양해지기 때문에 해결해야 하는 이슈가 아주 다양하고 복잡해진다. 여기서 뿐만 아니라 이 전의 회사에서도 설정 자동화 코드를 좀 더 간편하게 할 수 있는 제품을 매번 고민해봤지만 결론은 늘 '코드보다 환경이 더 복잡하다'였다.

하지만 앤서블이 주는 간편함이 분명히 있었기에 이 프레임워크에서도 앤서블을 적용했다. 4장, 5장에서 설명한 start.sh와 크게 다르지 않다. 다만 start.sh와 같이 쉘 스크립트를 유지하는 것은 상황을 더 악화시킬 수 있기 때문에 앤서블을 이 스크립트 대신 사용하는 것으로 했다. 더 자세한 내용은 kfield/playbook/site.yml을 참고하면 된다.

6.5.3 빌드와 배치 관점에서의 단계

매번 pull request가 발생할 때마다 빌드 테스트를 실행하고 마지막엔 결과물을 별도로 생성하는 형태로 만들었기 때문에 이 관점에서도 '관리' 단계라고 할 수 있다. 이 단계에서 만들어지는 결과물은 chef의 쿡북이다.

이전 제품의 개발이 스프린트에 의해서 거의 이뤄지기 때문에 스프린트가 끝나면 하나의 릴리즈를 자연스럽게 만들 수 있다. 테스트도 변경 사항이 생길 때마다 자동으로 이뤄지기 때문에 이전보다는 훨씬 안전한 상황에서 개발할 수 있게 됐고, 배포 코드는 여러 환경에 맞춰서 자동으로 설치할 수 있게 개발돼 있어서 하나의 코드로 여러 환경에서 사용할 수 있도록 만들어졌다.

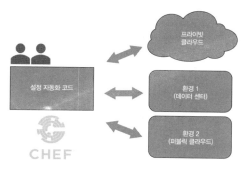

그림 6-10 정의 단계 상태의 설정 자동화 코드 모습

그림 6-10과 같이 설정 자동화 코드를 여러 환경에서 사용할 수 있게 개발하면, 설정 자동화 코드가 정교해질수록 더 많은 환경을 제어할 수 있게 돼 적은 노력으로도 더 많은 곳을 관리할 수 있게 된다. 이런 형태로 돼야만 자동화를 통한 비용절감을 할 수 있다.

이런 자동화를 가능하게 하려면 그림 6-11처럼 설정 자동화 코드가 리소스의 메타 정보를 모든 환경(클라우드 포함)에 직접 접근해서 가져오는 것이 아니라 중앙의 CMDB에 접근해서 정보를 가져오도록 해야 하고, 중앙의 CMDB는 각 환경을 관리하는 다른 CMDB와 서로 정보를 교환하거나 동기화해야 한다. 중앙의 CMDB가 없다면, 각 환경이 생길 때마다 별도의 API를 사용해야 하기 때문에 개발이나 운영의 복잡도가 높아지고 결국 클라우드의 비용을 높게 하는 결과를 가져온다. 그래서 내가 늘 하는 이야기는 '자동화 전에 표준화부터 하자'이다.

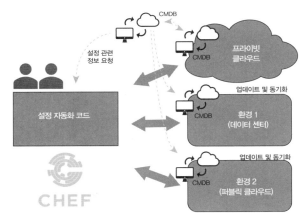

그림 6-11 각 CMDB간의 연동을 통한 설정 표준화

6.5.4 테스트와 검증 관점에서의 단계

설정 자동화와 테스트를 통해서 서로간의 신뢰 단계를 높일 수 있었다. chef 쿡북 자체도 유닛테스트를 만들 수 있지만, 환경 설정을 자동화하는 목적의 소프트웨어에서 유닛테스트까지 만들어서 돌리는 것은 많이 과하다는 판단을 했다. 통합 테스트의

일환으로 자동 설정으로 만들어진 서비스 서버가 특정 포트로 잘 동작하고, 설정이 원하는 형태로 들어가 있는지 정도만 검증하는 것으로 시작했다.

하지만 7장에서 설명할 네트워크 모델과 더불어서 이 곳 환경에만 필요한 코드가 점점 증가하면서 우리가 만든 코드를 기존의 통합 테스트만으로는 더 이상 신뢰하기가 어려워졌다. 그래서 수용 테스트를 추가적으로 해야만 했다. 테스트에 필요한 적당한 시나리오를 만들고, 이 시나리오를 따라서 API가 잘 동작하는지, 기존의 시나리오에서 실패가 나는 부분은 없는지를 검토하는 형태로 통합 테스트를 수행해야만 했다.

다행히도 IaaS의 근간이 되는 오픈스택에서는 rally라는 시나리오 테스트 프레임워크를 제공한다. rally도 오픈소스이고, 각자의 환경에 따라 조정할 수 있기 때문에 이 곳의 환경에 맞도록 조금은 수정해야 하지만 기본적으론 마스터 버전의 오픈소스와 항상 호환되도록 테스트를 유지하면 좋다. 그래야만 자신이 바꾼 코드가 이후 업그레이드나 버그 패치에 어떤 영향을 미치는 지도 파악할 수 있다.

rally는 테스트의 편리함을 위해서 도커 이미지로 만들어 두고 설정 코드나 제품 코드가 바뀌고 나서 커밋되면(Pull request는 그때 그때 실행하고, 이 테스트는 Pull request가 병합되고 나서 실행하는 형태로 했다. 시간이 오래 걸리기 때문에 Pull request가 올 때마다 실행하면 테스트용 리소스가 너무 많이 필요하다), 커밋된 코드를 테스트 환경에 배포하고 미리 만들어둔 rally 이미지로 컨테이너를 만들어서 테스트를 실행하도록 했다. IaaS의 경우 스프린트 단위의 정기 실환경 배포를 사용하기 때문에 만약 rally 테스트에서 문제가 발생하면 코드를 고쳐서 통합 테스트/수용 테스트를 재 실행해서 통과 시키는 형태로 개발을 진행할 수 있다.

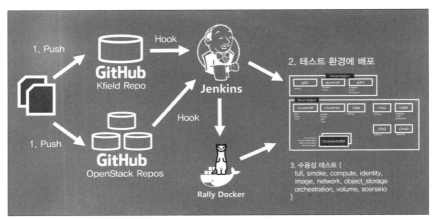

그림 6-12 Rally를 사용한 수용성 테스트

수용성 테스트를 도입하고 난 후 코드 개발에 더 많은 신뢰도를 구성원 전체에 줄 수 있어 테스트를 다 통과하면 곧바로 프로덕션으로 배치해도 큰 문제를 일으키지 않을 것 같은 확신을 서로 가질 수 있게 됐다. 수용성 테스트를 통해서 테스팅 관점에 있어서는 '정의' 단계를 넘어서 '양적 조절 단계'로 넘어갈 수 있게 됐다.

6.5.5 정보와 리포팅 관점에서의 단계

정보와 리포팅 관점에서의 단계에서 봤을 때 IaaS 프레임워크는 통합 테스트와 수용성 테스트에서 나오는 결과를 확인할 수 있는 '관리' 단계라고 할 수 있다. 각각의 개발 결과물이 규칙을 준수하고 완결성/일관성을 가지는지를 파악할 수 있다. 그리고 수용성 테스트 시의 시간 등을 측정해서 제품의 성능도 일부 확인할 수 있다. 더 많은 정보를 알기 위해서는 테스트 커버리지, 서비스 프로파일링 등의 테스트를 더 추가해야만 한다.

6.6 정리하기

6장에서는 테스트 자동화를 해야 하는 이유와 하는 방법을 설명했다. 자동 테스트는 현대의 소프트웨어 공학에서 큰 부분을 차지하고 있지만, 동시에 많이 무시되는 경향이 있다. 왜냐하면 기본적으로 소프트웨어 테스트에 대한 불신과 테스트를 작성하는 데 노력의 양이 테스트가 주는 효용보다 훨씬 크다고 생각하기 때문이다. 반드시 테스트 주도 개발을 할 필요는 없지만 어떤 형식이든 내가 또는 해당 서비스 조직이 서비스의 안정성에 대한 어느 정도의 안정감을 가지기 위한 정도의 테스트는 무조건 있어야 한다.

자동 테스트 프레임워크와 파이프라인은 서비스 초기에 하는 것이 가장 좋다. 서비스가 어느 정도 올라온 이후에 파이프라인을 만들려면 더 많은 노력과 인원이 필요하다. 무엇보다 어느 정도 개발이 완료되면 소프트웨어는 회사의 전략과 마케팅에 의해서 움직이고 기능이 추가되는 것이 더 중요한데, 파이프라인을 위해 개발시간을 할당하기가 어렵다. 테스트를 통한 소프트웨어의 완결성 추구보다는 납기일이 더 중요해지기 때문이다. 7장에서는 CMMI-DEV용 개발환경을 갖춘 상태에서 클라우드 서비스를 한 단계씩 발전시켜 나가는 방법을 설명한다.

3부

The Hardening

2부에서는 CMMI DEV를 기준으로 클라우드 서비스를 만드는 방법을 설명했다. CMMI DEV는 지속적인 서비스 개발을 가능하게 해준다는 점에서 큰 의의가 있었다. 3부에서는 이와 같은 서비스 개발 기반환경을 바탕으로 IaaS, MaaS(Monitoring As A Service), 그리고 컨테이너 서비스까지 확장시켰던 방법에 대해서도 CMMI Cloud를 기반으로 설명한다. 3부에서 소개할 클라우드 서비스는 서비스 전략의 특징, 핵심적인 기술 설명과 적용 방법의 순서로 이야기할 예정이다.

오픈 데이터 얼라이언스(open data center alliance, 2010, 이하 ODCA)는 인텔을 주축으로 2010년에 클라우드 컴퓨팅에 필요한 표준을 정하기 위해 만들어진 독립 기구다. 이 기구에는 BMW, 쉘(Royal Dutch shell), 메리어트 호텔, AT&T 등의 큰 회사가 들어와서 독립적인 클라우드 표준과 로드맵을 만들고 있다. 이 기구에서 2010년에 CMMI Cloud를 발표했고 CMMI에 맞춰서 클라우드의 발전을 예측한 내용을 그림 A에 표시했다.

그림 A ODCA에서 발표한 CMMI cloud(출처: opensig.org)

그림 A에 나타난 각 단계를 간단하게 설명하면 다음과 같다.

CMM1: 현재 클라우드 환경에서의 클라우드 준비환경 분석. 이 분석을 통해서 클라우드를 준비된 조직에 또는 특수한 목적으로 도입/사용한다.

CMM2: CMM1 단계를 분석해서 전체적으로 클라우드를 도입하기 위한 방법을 고안해낸다. 최대한 기존의 리소스와 경험을 활용하도록 한다.

CMM3: CMM1~2 단계에서의 경험과 프로세스를 기반으로, 클라우드를 자동으로 사용하기 위한 툴과 애플리케이션을 개발한다.

CMM4: 수동으로 멀티 클라우드나 하이브리드 클라우드를 사용한다.

CMM5: 자동으로 멀티 클라우드나 하이브리드 클라우드를 사용한다.

내가 있는 조직도 비슷한 과정들을 거쳐가고 있다. 이후의 장들에서 클라우드 CMMI으로 본 단계에서 어떤 전략과 기술로 접근을 했는지 더 자세하게 설명할 것이다.

07

IaaS의 목적과 효과

클라우드 서비스의 기본은 누가 뭐라고 해도 IaaS^{Infra As A service}다. 인프라가 없으면, 서비스는 절대로 실행되지 않기 때문이다. 7장에서는 CMMI cloud 1단계인 IaaS 클라우드 서비스의 기본적인 서비스 전략과 기술적인 특징을 설명하도록 한다.

7.1 IaaS의 전략적 목적

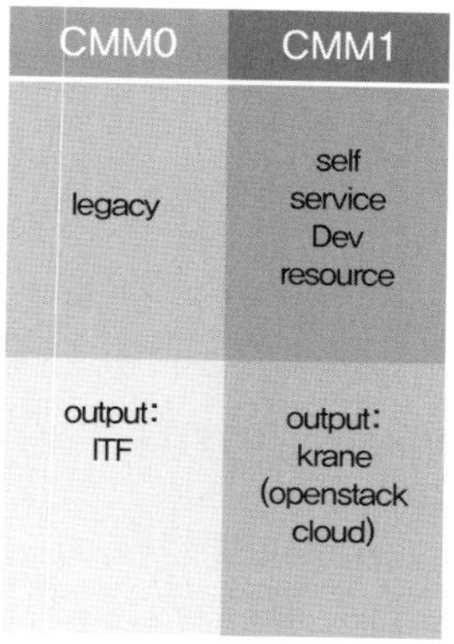

그림 7-1 CMMI 단계로 본 IaaS의 목적과 산출물

IaaS 서비스가 들어오기 전 레거시 시스템을 전환하고자 하는 목적이 있었다. 그래서 ITF라는 태스크포스가 만들어지고 IaaS의 전략적 목표를 논의했다. 당시 IaaS의 면면을 계속 검토해봤다. 성능적인 부분, 보안적인 부분, 안정성 부분을 논의한 결과 초기 IaaS의 목표를 개발자가 필요한 개발 리소스를 직접^{Self-Service} 만들어 사용하게 하는 것으로 정하고, 그 이름을 크레인^{krane}이라고 정했다.

개발자가 직접 개발용 리소스를 만들게 하려면 API로 컴퓨팅 리소스를 만들고 관리할 소프트웨어가 필요했었는데, 개발할 수 있는 인원이 많지 않아서, 당시에 IaaS 클라우드용 오픈소스인 오픈스택^{openstack}을 최대한 활용해서 크레인이라는 서비스를 만드는 것으로 했다.

기존에는 신규 입사자나 기존 멤버는 인프라 요청 시스템을 통해서 본인의 개발용 장비를 요청했었다. 인프라 조직은 이 요청을 검토해서 필요한 리소스를 준비해주는 것이 기본적인 업무 방식이었다. 하지만 단순 요청을 최대한 직접 할 수 있게 해서 개발자는 편리함을, 인프라 제공 조직은 인력을 절약해서 좀더 중요한 일에 집중할 수 있게 하는 것이 가장 주요한 전략적 목표였다.

7.2 IaaS의 주요 기술

7.2.1 배경 상황

개발자에게 크레인이라는 서비스를 통해서 개발용 인스턴스를 직접 만들어서 활용할 수 있게 하자는 아이디어 자체는 나쁘지 않았다. 당시에는 별도의 장비를 크레인 서비스를 위해서 사는 것이 아니라, 감가상각이 다 끝난 서버를 모아서 IaaS클라우드를 만들었기 때문에 비용적인 이슈도 없었다.

사용량도 많지 않았기 때문에 그림 7-2와 같이 시스템팀이 필요한 서버에 OS를 설치해주고, 동시에 네트워크팀이 스위치 라우터를 세팅해주면 클라우드팀은 3~6장에서 개발한 Chef기 반의 배치시스템을 통해서 자동으로 배포하는 형태였다.

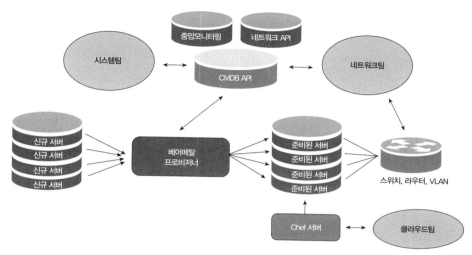

그림 7-2 초기 클라우드 서비스 준비 파이프라인

이렇게 나름 잘 정리된 환경에서 클라우드 시스템을 준비하고 있었는데, 회사가 대규모 합병을 하게 된다. 기존 내가 속해있던 조직보다 3배가 더 큰 회사를 인수하게 된 것이다.

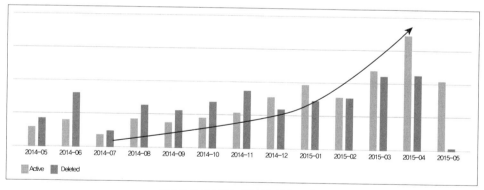

그림 7-3 인스턴스 생성 및 삭제 그래프

합병 이전과 이후의 리소스 사용량은 그림 7-3과 같이 계속 늘어난다. 개발용 장비를 API로 제공하겠다는 정책은 합병 후에도 유지됐기 때문에 인원이 3배 증가한 상황이니 리소스 사용량이 폭증하게 된 것이다. 클라우드팀 쪽의 코드는 이미 어느 정

도 자동화가 된 상황이였기 때문에 신규 시스템을 준비하는 데는 큰 문제가 없었는데, 문제는 이때 사용한 오픈스택이 가지고 있는 네트워크 모델이었다. 당시에 이 회사에서 사용한 오픈스택 네트워크 모델은 VLAN^{Virtual Local Area Network}(물리 네트워크 위에서 ID를 기반으로 가상의 네트워크를 나누는 네트워크 가상화 기술) 기반의 네트워크 모델이었다. 오픈스택에선 VLAN을 사용하는 네트워크 모델을 Provisioned Network라고도 부른다. Provisioned는 오픈스택이 네트워크를 조절하는 것이 아니라 네트워크 관리자가 준비해주는^{Provisioned} 네트워크를 사용하는 것이라는 의미다. 그래서 클라우드팀은 장비의 증설을 위해 네트워크팀에 항상 요청을 해야 했고, 이때마다 네트워크팀은 전체 데이터 센터 네트워크 장치에 VLAN 세팅을 변경해야만 했다. 문제는 그 빈도가 점점 더 많아지고 있었다는 것이다.

네트워크쪽 세팅 이슈뿐만 아니라, 오픈스택의 VLAN 기반의 네트워크 모델도 한계가 있었다.

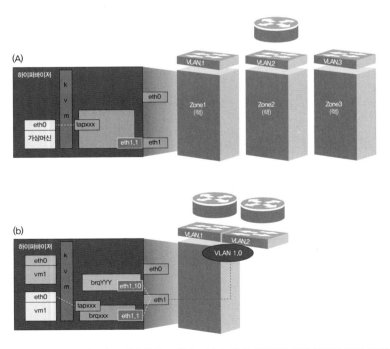

그림 7-4 클라우드 네트워크 기본 운영 모델(a), 리소스 사용 최적화를 위해 변경된 운영 모델(b)

그림 7-4의 (a)는 오픈스택 기반 클라우드 네트워크의 기본 모델을 보여준다. 각 랙에는 1종류의 VLAN을 사용한다. 예를 들어 특정 랙에 이 VLAN 값을 1을 할당하면, 해당 랙의 이 하이퍼바이저의 가상머신용 네트워크로 1을(eth1.1부분) 할당한다. 그리고 랙을 오픈스택의 가용성 구역^{Availability Zone}으로 할당해서 사용했다. 오픈스택은 가상머신을 생성하기 위해서 네트워크도 선택하고 가용성 구역도 선택해야 하는데, 사용자의 불편과 관리성 편의를 위해서 가용성 구역을 선택하면 자동으로 네트워크도 선택하도록 코드를 수정했었다. 즉 'VLAN ID == 가용성구역 == 네트워크(서브넷)'라는 공식이 생기게 됐다.

관리도 간단하고, 코드만 조금 수정하면 됐다. 그런데 사용량이 폭증하다 보니, 특정 랙에 다른 컴퓨팅 리소스(CPU, DISK, RAM)는 충분한데, IP가 부족한 상황이 생기는 이슈에 대응할 수가 없었다. 그리고 CPU/DISK/RAM은 돈이 들어가는 리소스였기 때문에 최대한 많이 사용해야 하는데 돈이 들지 않는 IP(내부 IP이기 때문에 IP를 많이 사용한다고 돈이 들진 않는다) 때문에 최대로 사용할 수 없는 이슈가 생겼다. 그래서 리소스 사용률을 최대한 끌어 올리기 위해서 (b)와 같이 특정 랙에는 VLAN 10을 할당하고 컴퓨트 노드에도 이 정보를 할당해야만 했다.

조금 복잡해졌지만 클라우드팀 입장에서 보면 CMDB에 이런 정보도 있었기 때문에 약간의 처리만 해주면 되는 것이어서 큰 이슈는 없었다. 하지만 네트워크팀 입장에서는 VLAN 설정이 더 복잡해졌고, 여전히 빈번하게 VLAN 설정을 해야 하는 일은 남아 있었다. 더 큰 문제는 여전히 'VLAN== 가용성 구역 == 네트워크'라는 공식은 유지되고 있었기 때문에 사용자는 VLAN이 하나 생길 때마다 가용성 구역이 더 많이 생기고, 특정 가용성 구역은 CPU/DISK/RAM이 부족해서 리소스가 생성되지 않거나, 특정 가용성 구역은 IP가 부족해서 리소스가 생성되지 않기 때문에 혼란이 가중됐다.

그래서 이 모델은 지속 가능해 보이지 않았다. 물리 서버에 장애가 생기거나 유지보수를 위해서 인스턴스를 이동^{migration}하는 상황이 빈번히 생기는데, 이 모델을 사용할 경우 다른 랙에 옮겨야 하는 경우에는 가상머신의 IP가 변경되기 때문에 큰 불편함

이었다.[1]

7.2.2 새로운 네트워크 모델 디자인

새로운 네트워크 모델이 필요하기는 한데, 정확하게 어떤 것이 필요한지 확인하기 위해서 요구사항에 대해서 고민해 봤다. 그 결과 다음과 같이 정리됐다.

인스턴스의 IP는 랙 간에 이동이 가능해야 한다. 유지보수나 물리 시스템의 장애로 인해서 인스턴스를 옮길 경우에 IP는 유지되도록 해야 한다. 같은 랙에서 뿐만 아니라 다른 랙 또는 데이터 센터의 어디로 이동하더라도 IP는 유지돼야 한다. 거꾸로 이야기하면 가능한 모든 곳에 인스턴스가 생성될 수 있어야 하고, 이동할 수 있어야 한다.

IP 서브넷이 각 존 별로 할당돼 생기는 리소스 불균형을 해결해야 한다. 특정 랙에는 IP가 많고 다른 리소스가 부족하거나, 특정 랙에는 다른 리소스는 충분한데 IP 부족한 상황을 해결해야 한다. 데이터 센터나 리전 레벨로 IP 할당이 가능해야 한다는 의미다.

새로운 네트워크 모델은 복원성^{Resilience}이 있어야 한다. 하나의 네트워크 요소가 다운되더라도, 전체적으로 서비스에 장애가 생겨서는 안된다.

새로운 네트워크 모델은 네트워크의 상태를 동적으로 체크해야 한다. 인스턴스가 생성되거나 삭제될 때 사람의 개입없이 자동으로 네트워크 경로를 할당하고 삭제할 수 있어야 한다.

간단한 IP 리소스 계획과 관리가 가능해야 한다. IP 할당에 필요한 기존의 작업 없이 (VLAN, 서브넷, 게이트웨이 등) 아주 간단하게 IP 리소스를 관리할 수 있어야 한다.

요구사항을 정리해보면 동적인 상황에서도 IP를 아주 간단하게 관리할 수 있는 모델

---

1   혹자는 IP 대신에 DNS(Domain Name Service)를 사용하면 되지 않냐고 하겠지만, DNS가 장애가 날 수도 있는데 그럴 경우 개발자 입장에서는 원인 파악이 불편해진다.

이 필요했다. 처음에는 아주 큰 서브넷을 가진 L2 네트워크를 생각해봤다. 이것도 괜찮긴 하지만 서브넷이 아주 커질 경우 같은 서브넷 내에서 이웃 맺기Neighboring에 사용되는 ARPAddress Resolution Protocol가 자신 주변의 맥MAC, Media Access Control Address 주소와 IP를 연결시키기 위한 broadcast 네트워크가 엄청나게 발생하기 때문에 네트워크 성능이 떨어지게 된다는 단점(물론 중간에 arp proxy 등을 설치하거나 가상의 게이트웨이를 만들어서 해결할 수는 있다)이 있다. 이 문제 외에도 L2 통신이 일어나거나 인스턴스의 ARP 테이블에 주변의 맥 주소가 한 번이라도 등록되면, IP 통신은 항상 이 맥 주소로만 통신하려고 한다. 이때 인스턴스가 마이그레이션migration되거나 하면 통신이 되지 않는 문제가 있다.

그래서 L2 네트워킹은 과감히 버리기로 했다. 즉 맥 주소를 통한 네트워킹은 없이 L3로만 동작하는 네트워크 모델을 채택하기로 했다. L3 즉 IP로만 통신되는 네트워크는 라우터를 적극적으로 사용하는 방식이다. 라우터는 동적라우팅 프로토콜인 RIPRouting Information Protocol, OSPFOpen Shortest Path Filter, BGPBoarder Gateway Protocol 등을 사용해서 자신이 가지고 있는 라우팅 경로나 새로 등록되거나 삭제된 라우팅 경로를 동적으로 교환한다. 그렇기 때문에 태생 자체가 분산환경에 아주 적합하다. 데이터 센터 내의 라우터를 미리 설정해둬서, 인스턴스가 컴퓨트 노드에 생성되면 인스턴스의 네트워크 정보를 컴퓨트 노드와 연결된 라우터에 알려주기만 하면 되는 것이다. L3네트워크만을 사용하려면 ARP가 작동해서 이웃을 찾을 수 없는 서브넷을 인스턴스에 할당해야 한다. 인스턴스에 32비트 서브넷 마스킹이 된 네트워크를 할당하면 된다. 32비트 서브넷 마스킹 IP는 그림 7-5와 같이 표시된다.

```
IP 10.0.0.1/32 또는
IP 10.0.0.1 netmask 255.255.255.255
```

그림 7-5 32비트 서브넷 마스크 IP 예시

인스턴스에 이 IP를 할당하고 하이퍼바이저에선 이 IP가 할당됐음을 상위 라우터에 올리기만 하면 된다.

7.2.3 새로운 네트워크 모델 구현

모델에 대한 고려사항은 다 완료됐으니, 이제 개발만 하면 된다. 그림 7-6에 새로운
네트워크 모델의 초기 버전 구현 예시를 표시했다.

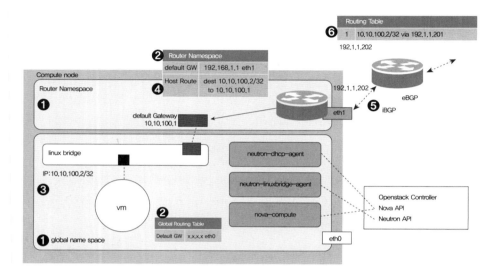

그림 7–6 새로운 네트워크 모델 구현 예시

❶ 먼저 컴퓨트 노드 안에 네트워크 네임스페이스를 2개로 나눴다. 네트워크 네임스
페이스는 논리적으로 TCP 설정을 완전히 분리해서 사용할 수 있다.[2] 그래서 Global
Name Space는 관리용 네트워크로 사용하고 Router Namespace는 이름이 이야기
하듯 인스턴스를 위한 네트워크를 설정한다.

❷ 네임스페이스를 2개로 나눴기 때문에 그림 7-6에 표시된 것처럼 2개의 디폴트
게이트 웨이(192.168.1.1, x.x.x.x)가 1개의 물리 서버에 할당이 가능하다.

❸ 가상머신에는 10.10.100.2/32라는 네트워크가 할당됐다. 이렇게 할당하기 위해
서 오픈스택의 네트워크 서비스인 뉴트론[neutron]의 API 서버쪽 코드와 에이전트인

---

2   도커의 네트워크도 이 네트워크 네임스페이스로 이뤄져 있다.

neutron-linuxbridge-agent, neutron-dhcp-agent를 수정했다. 이 수정된 코드를 지속적으로 관리하기 위해서 6장에서 설명한 자동 테스트 파이프라인이 필요했다. 그리고 인스턴스가 보는 디폴트 게이트웨이는 10.10.100.1로 할당된다[3].

❹ 가상머신에 32비트 네트워크가 할당되면 neutron-dhcp-agent가 Router Namespace 내의 외부에서 인스턴스의IP(10.10.100.2/32)에 도착하려면 10.10.100.1 로 향하라는 정보를 입력한다. 이런 방식으로 특정 IP에 대해서 강제적으로 IP 경로 를 라우터나 서버에 입력하는 것을 호스트 라우트라고 한다. 이 정보를 넣어주기 위 해서 역시 neutron-dhcp-agent를 수정했다.

❺ 컴퓨트 노드 즉 하이퍼 바이저를 준비할 때 하이퍼 바이저의 eth1을 라우터 네임 스페이스로 넣고, eth1을 사용해서 라우터 네임스페이스 내의 소프트웨어 라우터가 상위 라우터와 친구 맺기[peering]를 할 수 있도록 미리 설정해 둔다. 이 설정은 kfield의 cookbooks/neutron/templates/default/hostroute-bgpd.conf.erb에서 확인할 수 있다.

파일 7-1 서비스용 bgpd.conf 예제

```
1:      bgp router-id <%= node[:neutron][:host_route][:route_ip_cidr].split('/')[0] %>
2:      redistribute static route-map bgp-access
3:       redistribute connected route-map bgp-access
4:       redistribute kernel route-map bgp-access
5:      neighbor <%= node[:neutron][:host_route][:neighbor] %> remote-as <%=
            node[:neutron][:host_route][:ibgp_as] %>
6:      !
7:      ip prefix-list pl-route seq 10 permit 0.0.0.0/0 ge 31
```

1라인은 BGP 연동에 필요한 라우터 아이디를 chef environment에서 가져온다. 4 라인이 호스트 라우트가 생성되면 상위로 보내도록 하는 설정이다. 5라인에 친구 맺

---

3   사실 이 IP는 인스턴스에서 나온 패킷을 꺼내기 위해서 만든 디폴트 게이트웨이다. 이 인스턴스용 게이트웨이에 할당되는 IP도
    절약하기 위해서 전 하이퍼 바이저에 걸쳐서 동일하게 만들었다.

기를 할 상위 라우터의 IP(그림 7-6의 경우 192.1.1.202)와 AS 번호를 입력한다. 7라인 은 혹시라도 코드의 오류나 작업자가 32비트 이외의 라우팅 정보를 입력할 경우에 는 동작하지 않도록 설정해 뒀다.

❻ 라우터의 설정과 호스트 라우트 경로 입력을 통해 상위 라우터에는 인스턴스 (10.10.100.2)로 가려면 하이퍼 바이저(192.168.1.201)로 가라는 정보가 이제 자동으로 입력된다. 인스턴스가 생성되면, 뉴트론 에이전트가 호스트 라우트를 라우터 네임스 페이스에 입력하고 이 정보를 상위 라우터로 보내서 네트워크 경로가 완성됐다. 그 것도 자동으로 말이다.

7.2.4 새로운 기술 적용 효과

7.2.3절에서 느꼈을 수도 있지만, 이제는 인스턴스에 IP가 부여되면 VLAN 설정, 가 용구역 설정과는 관계없이 네트워크를 할당할 수 있게 됐다. 네트워크팀의 일도 아 주 많이 줄었고, IP 계획도 인스턴스에 할당할 IP 영역만 아주 크게 만들어서 가지고 있으면 되기 때문에 네트워크 계획도 아주 단순해졌다. 그리고 가상머신이 특정 컴 퓨트 노드에서 다른 쪽 컴퓨트 노드로 이동되더라도 IP는 유지할 수 있다. 옮겨진 컴 퓨트 노드의 뉴트론 에이전트에서 호스트 라우트만 입력하면(물론 기존의 컴퓨트 노드 에서는 호스트 라우트 정보가 삭제돼야 하고, 뉴트런 코드를 그렇게 변경했다), 나머지는 동적 라우팅 프로토콜이 알아서 처리해준다.

즉, 인스턴스의 이동도 자유롭고 IP 관리도 단순해진 네트워크 모델을 만들게 된 것 이다. 이렇게 L3만으로 IaaS 네트워크를 해주는 calico(http://projectcalico.org)라는 오픈소스 제품이 우리가 네트워크 모델을 완성시키고 실 서비스에 적용시킬 때쯤에 나왔다. 이때 calico 제품을 만든 회사 대표와 만나서 여러 이야기를 나눴었고, 우리 가 적용한 호스트 라우트 기반의 L3 네트워크 모델이 이후에 이 오픈소스에 반영됐 다(기존에는 arp proxy를 기반으로 돼 있었다). 내 영향을 받았는지는 아직 잘 모르겠다.

이렇게 새로운 네트워크 모델이 적용되고 난 후부터, 증설에 대한 부담이 전혀 없어졌다. 네트워크팀은 BGP 설정만 하면 됐고, chef로 설치만 하면 끝이었다. 그 즈음에 7장 초반에 말했듯이 회사 합병을 하면서 많은 개발 리소스가 필요해져서 돈을 들여서 IaaS용 컴퓨팅 시스템을 구매하게 됐는데, 한번에 많이 구매하는 것이 아니라 증설에 대한 부담이 없으니 필요할 때마다 일정량씩 살 수 있게 됐다.

가장 많이 바뀐 것은 대부분의 경우 IaaS를 하기 위한 컴퓨팅 리소스는 특정 랙이나 구역에 집중돼 설치되게 마련이다. 우리 회사의 경우 컴퓨팅 노드가 네트워크 라우터와 BGP 친구^{peer} 맺기만 되면 어디에서든 인스턴스와 네트워크가 연결되도록 만들어졌기 때문에, 클라우드 전용 랙이나 구역이 필요가 없었다. 그래서 IaaS 서비스용 서버를 일정 규모씩(10대 이하) 데이터 센터 전체에 뿌려 뒀다. 이 경우에도 추가로 랙을 사용하는 게 아니라 이미 서비스를 하고 있는 랙에 비어 있는 공간을 주로 사용해서 상면 비용과 네트워크 비용을 절약했다. 사용자가 원할 경우 인스턴스가 서로 다른 랙에 위치할 수 있도록 알고리즘을 개발하고 사용자가 이 기능을 선택해서 인스턴스 그룹을 만들 수 있도록 했다. 그래서 고가용성 서비스를 만들 때, 랙 전체에 장애가 생기더라도 다른 랙에 있는 인스턴스가 실행되던 작업을 이어서 실행할 수 있도록 했다.

클라우드 사용성 측면에서도 변화가 있었다. 클라우드 서비스 오픈 뒤에 일반 서비스 개발자가 처음엔 개발용 조그만 인스턴스만 자신들이 직접 만들어서 사용했었는데, 얼마 지나지 않아 실제 서비스에서도 인스턴스를 사용하기를 원했다. 편리하니까 실제 서비스에서도 사용해보고 싶다는 것이었는데, 이것이 8장에서 모니터링 클라우드가 나오게 되는 또 하나의 주요한 이유가 됐다.

7.3 ITIL 관점에서 IaaS를 만들고 유지하기

2장에서 클라우드에서의 ITIL은 클라우드 리소스가 제공하는 API를 통해서 서비스를 지속적으로 운영하는 것이라고 했다. IaaS가 목표로 하는 것을 유지하기 위해서 어떤 형태로 API를 사용했는지 설명하도록 하겠다.

7.3.1 서비스 디자인

서비스 디자인은 가용성, 용량, 연속성, 보안관리 등의 영역을 고려해서 설계해야한다.

7.3.1.1 가용성 관리

가용성은 크게 서비스 가용성과 서비스가 생성한 리소스의 가용성으로 나뉠 수 있다. 서비스 API의 가용성은 흔히 알고 있는 HA와 로드밸런싱 등을 적용하면 된다. 만약에 오픈스택을 이루는 컴포넌트 중에서 가용성 관련해서 가장 중요한 컴포넌트를 고르라면 rabbitMQ일 것이다. 왜냐하면 오픈스택 API와 각 agent 간의 통신을 이 rabbitMQ로 하는데 이 제품이 망가지면 잘 동작하지 않는 것은 고사하고 agent가 오동작을 일으킬 수도 있기 때문이다. 그래서 rabbitMQ는 무조건 3개 이상의 인스턴스로 이뤄진 클러스터 모드를 사용해야 한다. 인스턴스 레벨(서비스 사용자가 만든 인스턴트)에서의 가용성은 오픈스택에서 지원하는 anti-affinity 기능을 사용하면 한 하이퍼바이저에 인스턴스가 몰려서 생성되는 것을 막을 수 있다.

7.3.1.2 용량 관리

IaaS를 제공하는 입장에서는 리소스 풀^{pool}을 적정 규모로 유지해야 한다. 1장에서 설명한 것처럼 'as a Service' 형태로 제공하는 모든 리소스는 측정 가능하기 때문에 필요한 리소스의 규모를 예측하는 것 역시 편리하다. 가용량에 대한 적정 수준의 SLA를 정한 다음에 필요한 만큼의 풀을 추가하면 된다.

나는 이것을 데이터 센터 레벨의 스케일 아웃^{scale-out}이라고 부른다. 스케일 아웃이란 콘셉트 자체가 새롭거나 어렵진 않지만, 이것을 데이터 센터 레벨에서 실제로 하기란 쉽지 않다. 실제 공간, 서버를 쌓아둘 랙의 위치, 서버 배치, 스토리지 위치 및 연결성 고려, 서비스용/관리용 네트워크 배치 그리고 모든 것의 설정을 그때 그때 하려면 쉽지 않은 일이다. 이때 7장에서 소개한 네트워크 모델을 사용하면 모든 리소스의 네트워크 배치·설정 이슈는 사라진다. 장애 방지 및 성능만을 고려해서 하드웨어 박스의 공간 및 배치를 설계하면 네트워크는 원하는 대로 연결이 가능해지기 때문이다. 이 모든 정보는 1장에서 이야기한 CMDB에 반영되기 때문에 관리성도 높아진다.

사용자 측면에서는 클라우드가 제공하는 리소스의 표준 성능 및 저장 용량 등을 템플릿 기반으로 이미 알고 있기 때문에 성능 요구사항에 따라 필요할 경우에는 인스턴스를 몇 개 더 추가하거나 줄이는 형태로 용량 관리를 할 수 있게 된다. 클라우드는 기존과는 달리 사용자가 직접 리소스를 API로 제어할 수 있기 때문에, 필요할 때마다 직접 변경이 가능하게 됐다. 이 변경 정보가 자동으로 CMDB에 반영될 수 있도록 IaaS 코드를 별도로 개발해둬서 사용자가 리소스를 변경하더라도 이후에 필요하면 다른 사람들이 확인할 수 있게 만들었다.

7.3.1.3 연속성 관리

IaaS를 만드는 쪽에서는 IaaS를 각 리전(API 구분 단위) 별로 분리해서 만들고 배포하고, 각 리전 별로 별도의 존^{Zone}별로 코드를 업데이트하기 때문에 사용자는 IaaS 자체의 변경사항을 알지 못한다. IaaS 코드가 변경되더라도 컴퓨팅 리소스는 영향을 받지 않도록 개발·테스트 과정을 거쳤기 때문에 전체적인 서비스 기준으로 연속성을 유지하게 만들었다.

7.3.2 서비스 전환

서비스 전환 관점에선 변화 관리, 릴리즈 관리, 설정 관리 부분에서 검토해봐야 한다.

7.3.2.1 변화 관리

비즈니스 목적이나 제품의 변경사항 때문에 어떤 변화가 발생했을 경우에 IaaS에서도 이것을 수용할 수 있는 구조여야 한다. 대부분의 리소스 관리 관련 조직에서는 이런 변경이 생기는 자체를 아주 싫어한다. 이유는 그 변화가 미치는 영향을 판단하기 어려울 때가 많고(리소스는 생각보다 복잡한 논리와 정책으로 관리되고 있다는 사실도 항상 고려해야 한다) 변화를 결정하면 규모가 상당하기 때문에 판단 자체를 유보하는 경우가 많다. 이런 부분은 IaaS를 도입한다고 해서 해결되지 않는다. 여기서 선택한 방법은 테스트 가능한 인프라를 자동으로 생성 · 테스트 · 배포하는 방법을 택했다. 코드로 만들 수 있는 변화를 항상 테스트가 가능하게 자동 테스트를 만들어 뒀기 때문에, 리소스 관리에 변화가 생겼을 때 훨씬 빨리 적용해보고 테스트해봐서 결론을 예측할 수 있게 만들었다. 가장 좋은 방법은 미리 모든 것을 고려해서 테스트도 필요없이 완벽하게 해내는 것이지만, 이렇게 하면 시간이 너무 오래 걸린다.

여기서 IaaS가 아주 유용하게 사용된다. 필요한 규모의 리소스를 자동으로 만들 수 있는 클라우드가 있었기 때문에 좀더 안정한 리소스 관리체계를 쉽고 빠르게 만들 수 있다. 혹자는 IaC[4]만 있으면 변화 관리가 쉬울 것이라고 이야기하지만 테스트와 자동 테스트가 없으면 절대로 변화 관리는 쉽게 되지 않는다. 이것은 클라우드를 만들든 클라우드를 사용해서 다른 제품을 만들든 변하지 않는 진리다.

7.3.2.2 릴리즈 관리

적은 인원으로 광범위한 IaaS를 개발 · 운영하기 위해서 모든 클라우드 리전과 존에 설치되는 IaaS 코드를 동일하게 만들었다. 6장의 테스트 자동화 부분에서 설명했지만, 어떤 것이던 기존 코드에 변화를 발생시키면 테스트를 하도록 만든 후에, 합의에 의해 병합되면 그때 코드의 버전을 만들도록 해뒀다. 자동으로 모든 코드에 동일하게 적용되기 때문에 개발자가 코드를 만들거나 변경할 때마다 일일이 자신이 코드의 버전을 메기는 수고를 하지 않아도 만들었다.

릴리즈 번호는 버전 번호와는 실 환경에 배포되는 것을 기준으로 별도로 만들었다. 이 릴리즈 번호를 기준으로 실환경에 배포되기 때문에 실환경에 적용된 제품은 이 릴리즈 번호만 확인하면 간단히 특징을 파악할 수 있다. 그리고 각 릴리즈 별로 릴리즈 노트와 같은 형식으로 적용된 기능 또는 버그 패치 등의 변경항목을 기록해 둬

---

4 Infrastructure as a Code의 줄임말이다. 코드로 인프라를 자동으로 생성하는 개념을 말하는데 Terraform, Vagrant와 같은 제품이나 AWS의 Cloudformation이나 오픈스택의 HEAT 같은 서비스가 여기에 속한다.

서, 이후에 변경사항 파악이 용이하게 만들었다. 뿐만 아니라 IaaS를 사용하는 외부의 모든 조직이 이런 식으로 하는지는 잘 모르겠지만, 일반적인 서비스가 개발 배포하는 과정과 다르지 않다.

7.3.2.3 설정 관리

IaaS에서 가장 많이 이뤄지지만 가장 관리하기 어려운 것이 아마도 이 설정 관리일 것이다. 서비스가 잘 이뤄지기 위한 여러 방안을 논의하다 보면 IaaS의 코드를 변경하는 것이 아니라 설정 값을 조금씩 변경해야 하는데 특정 구역은 대규모로 변경해둬야 하는 경우가 생긴다. 여기서는 이 설정 변경까지도 설정 관리 코드인 chef로 관리하고 있기 때문에, 이 설정도 자연스럽게 코드화됐고, 릴리즈 관리·변경관리에서 자주 언급됐던 테스트 자동화를 거쳐 버전으로 나오게 된다. 이 버전이 모인 릴리즈를 실제 환경에 배치하면 자연스럽게 설정도 코드·버전으로 관리된다.

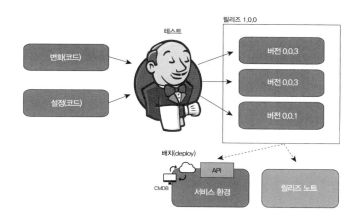

그림 7-7 클라우드에서의 ITIL 서비스 전환 디자인

클라우드에서의 서비스 디자인 관련된 내용을 그림 7-7에 간단하게 나타냈다. 클라우드를 사용하면 좋은 것은 릴리즈로 만들어진 내용을 배치할 때 그림 7-7과 같이 API를 활용해서 편리하게 할 수 있다는 것이다. 7장까지의 내용으로 완성된 클라우드의 경우 각 서비스 환경을 제어하는 chef 서버가 있고 이것은 CMDB와 연결돼 있기 때문에 배포된 내용을 chef 서버에 API를 통해서 올리고, 각 API/컴퓨트 서버에서는 chef 클라이언트만 실행하면 된다. 새로 만들어지거나 변경된 기능이 적용되고 테스트는 모든 과정에서 적용됐기 때문에 IaaS에 변화가 생기더라도 장애에 대한 부담은 줄일 수 있다.

7.3.3 서비스 운영

ITIL에서의 서비스 운영이란 서비스 기능이 특정 수준을 유지할 수 있도록 하는 행위를 말한다. 장애관리, 문제관리, 요구 수행 등이 여기에 포함된다.

7.3.3.1 장애 관리

IaaS에서의 장애 관리는 2개로 나뉘어진다. 하나는 IaaS 서비스 자체에 장애가 없도록 유지하는 부분, 나머지 하나는 IaaS 서비스를 사용해서 개발된 다른 서비스의 장애가 없도록 하는 부분이다. 먼저 IaaS 자체적인 장애 관리는 자체의 조직이 관리하며 설계 시 가장 염두에 두었던 부분은 장애를 국소화^{localize}하는 것이다.

이중화가 아니라, 서버/네트워크/스토리지가 장애가 생겼을 때 특정 범위의 리소스만 영향을 받는 것으로 설계를 해줘야 비용을 절약할 수 있다. 그럼에도 불구하고 장애가 발생한 경우 특정 등급을 나눠서 알람을 발생시킨다. IaaS뿐만 아니라 대부분 서비스의 장애는 변경/추가된 코드가 실 서비스에 배치될 때 일어난다. 그래서 신규 릴리즈를 배치할 경우에는 미리 한두 대 정도의 리소스에 적용해보고, 큰 변화나 장애가 감지되지 않으면 규모를 존 리전^{region} 영역으로 확장시키면서 적용한다.

7.3.3.2 문제 관리

장애를 국소화시키는 설계를 적용했다 하더라도, 장애는 일어나게 마련이고 클라우드의 경우 대규모 장애가 일어날 확률이 아주 높다. 일반적으로 신경을 안 쓰던 부분에서 나는 장애가 여파가 커질 수 있다. 2019년 중순에 일어난 A자의 한국 리전 전체 장애도 사용자 서비스용이 아닌 내부 DNS^{Domain Name Sever} 장애로 인한 것이었던 것처럼 네트워크쪽 장애는 아주 치명적이다.

여기에서 적용한 네트워크 모델은 라우팅 기반으로 인스턴스의 트래픽을 처리하기 때문에 아주 편리했지만 거꾸로 누군가가 라우팅 정보를 변경하거나 코드의 버그로 인해서 네트워크 정보가 잘못 전파되면 장애가 나타난다. 코드 장애 및 조직 실수 때문에 몇 번의 장애를 겪고 나서, 컴퓨트 노드에 적용되는 라우팅 정보를 관리해야 할 필요를 느꼈다.

기본으로 사용되는 오픈스택의 뉴트런에는 컴퓨트 노드의 라우팅을 관리해주는 기능이 없었기 때문에 이 기능을 직접 개발했다. 최대한 간단하게 개발하기 위해서 클라우드 네이티브에서 많이 사용하는 서비스 디스커버리 오픈소스 제품인 consul(https://www.consul.io)을 사용해서 개발했다. consul은 서버와 에이전트로 나뉘어져 있다. 에이전트는 필요한 곳에 설치해서 사용자가 지정한 코드나 스크립트를 통해서 프로세스·상태·health 체크를 정해진 간격으로 실행하고, 실행 결과를 consul 서버에 키-값 쌍 ^{key-value pair} 형태로 전송한다.

컨설 서버는 에이전트가 보낸 키-값 쌍의 데이터를 기반으로 해서, 역시 사용자가 정의한 키와 값이 들어오거나 변화가 생기면 사용자가 정의한 곳으로 정해진 메시지나 url을 호출하도록 돼 있다. consul 서버에 저장된 키와 값은 DNS 조회가 가능하기 때문에 서비스 발견 기능으로도 많이 활용된다. 문제 관리를 위해서 그림 7-8과 같이 대상 컴퓨트 노드에 consul 에이전트를 설치하고 consul 서버와 통신이 가능하게 한 후, 다음과 같은 일을 실행하도록 했다.

① 오픈스택 서버 API를 통해 현재 컴퓨트 노드에서 확인 가능한 라우팅 정보와 프로세스 리스트를 가져오도록 한다.

② 오픈스택 서버 API를 통해 가져온 정보와 현재 컴퓨트 노드의 라우팅/프로세스 정보를 주기적으로 비교한다.

③ 주기적으로 비교하다가 만일 잘못된 정보가 있으면(fail 상태) consul 서버로 전송한다.

④ consul 서버는 해당 컴퓨트 노드의 정보에서 fail 상태의 값이 전송되면, 정해진 곳으로 알람을 발생시킨다.

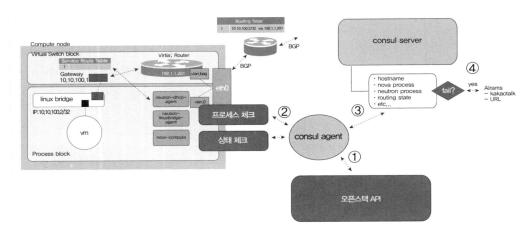

그림 7-8 서비스 디스커버리를 활용한 문제 관리

이 정상 상태 검출 프로세스를 통해서 배치 전후 그리고 일반적인 상태에서도 컴퓨트 노드의 실제 네트워크나 다른 설정 값이 정상적으로 들어가 있는지 확인할 수 있게 됐다.

7.3.3.3 요구수행

장애나 문제 이외에 요구에 의한 변경은 업무 티켓으로 만들어서, 티케팅 시스템의 백로그에 넣어 두고, 각 스프린트 별로 우선순위를 조절해서 해결하도록 했다. 최대한 즉각적인 변경은 피하고(엄연한 버그로 인한 오동작은 최대한 빨리 반영한다), 요구사항이 정확하게 파악될 때까지 직접적인 개발보단 티켓에 해야 하는 일을 더 상세히 만들어 두는 형태로 했다.

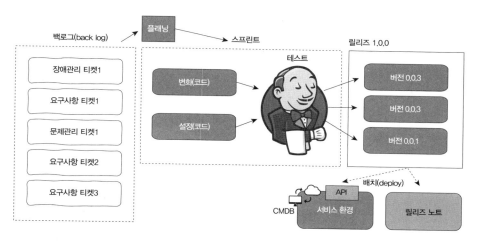

그림 7-9 백로그/스프린트를 활용한 서비스 운영

그림 7-9는 백로그와 스프린트를 활용해서 서비스 운영하는 개념도를 나타낸 것이다. 흔히 이런 것을 DevOps라고 부르며 말 그대로 개발자가 운영하는 것이다.

> **NOTE**
>
> 7장 3절을 계속 읽은 사람이라면 눈치를 챘겠지만 개발과 운영을 분리해서 이야기하기가 굉장히 어렵다. 흔히 DevOps 조직을 별도로 두고 거기에 그림 7-9에서 통합과 릴리즈 부분만을 전문으로 하라고 한다. 그래서 이 조직은 늘 지속적 통합, 지속적 전달(CI/CD)만을 생각한다. 조직 내에 그런 부분은 있어야 한다고 생각하지만 과연 일반적으로 이전부터 있던 Ops 조직과 어떤 차이가 있는지 모르겠다. 만일 CI/CD를 'as a Service'로 만드는 개발 조직이라면, 그 조직을 DevOps 조직이라고 한다면 또 인정할 만 하겠다.

이렇게 티켓을 만들고, 제품을 수정 개발해서 배포하는 형태가 ITIL에서 이야기한 서비스의 운영을 개발로써 이행하는 것의 단적인 예를 보여준다고 하겠다.

7.3.4 지속적인 서비스 개선

지속적인 서비스 개선은 서비스 리포팅, 서비스 측정, 서비스 레벨관리 등을 포함한다. 이 관점에서 가장 중요한 것은 지속적인 개선을 확인할 수 있는 지표 데이터를 만드는 것이다. 서비스 리포팅에 필요한 정보 중에 어떤 것을 지표화하는 지를 결정하고, 이 지표를 올리는 것이 정말로 서비스의 품질을 높이는 것인지 검증해봐야 한다. 이때 가장 많이 사용되는 지표 중에 하나가 MTBF^Mean Time Between Failure(장애간 평균시간)이다. 가장 확연하게 체감되는 지표이기 때문에 많은 곳에서 활용하려고 하고 있다. 문제는 '장애'란 무엇인가?를 어떻게 정의하느냐에 있다. 이를테면 API 응답을 못하는 것이 아니라 1초만에 응답하는 것은 과연 장애인가? 아닌가? 또는 스토리지가 95% 남은 것은 장애인가? 아닌가?와 특정 값으로 정하기는 딱 어려운 문제가 있다.

그래서 서비스 지표 데이터를 만들 때는 서비스 종류에 따라서 항목을 구분해서 정하는 것이 좋다. 프론트와 연결된 API쪽이라면 응답시간, 처리량 등을 지표 데이터로 하고, 스토리지 서비스인 경우 API 응답시간, API 처리량 외에 추가로 데이터 가용성이나 데이터 정합성을 지표 데이터에 추가하는 형태로 지표 데이터를 만들어야 한다. 이렇게 서비스 수준을 나타내는 지표를 SLI^Service Level Indicator라고도 한다. SLI는 평균값을 좋은 쪽으로 높이는 것도 중요하지만 분산 값(평균값에서의 차이)을 줄이는 것도 중요하다. 개발팀에서는 SRE^Site Reliabiliy Engineering라는 사람 또는 조직이 바로 이런 지표를 정하고 관리하는 일을 한다.

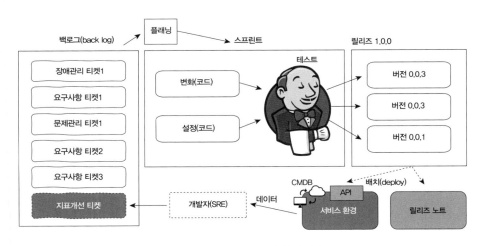

그림 7-10 지표관리를 위한 개발 환경 사용 그림

그림 7-10과 같이 SRE는 서비스 환경에서 나오는 각종 데이터를 비교 분석해야 하기 때문에 데이터 엔지니어링은 필수이고, 통계적으로 유의미한 행위를 개발로서 적용해야 하기 때문에 개발 능력도 필수이다. 그리고 전체적인 서비스 레벨에서의 지표 데이터도 이해하고 있어야 하기 때문에 경험이 많은 개발자가 하는 것이 바람직하다.

이쯤에서 DevOps 이야기하지 않을 수 없다. 많은 사람과 조직에서 'DevOps란 이런 것'이라고 이야기한다. 하지만 정작 현실적인 정의를 내리는 부분을 본적은 거의 없는 것 같다. 이 책에서 이야기하는 DevOps의 정의는 그림 7-11과 같다.

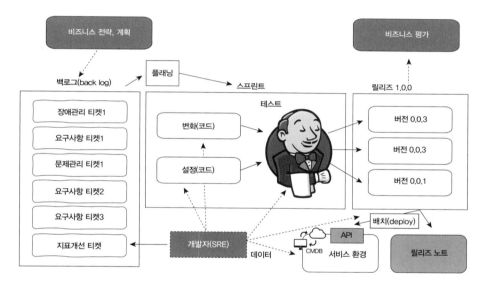

그림 7-11 DevOps 개념도

사업을 하는 쪽은 전략/계획 또는 기획을 하면서 개발팀과 이야기를 하고 이 과정에서 백로그가 생성된다(그게 아주 큰 규모의 에픽이던, 아니면 작업 단위인 스토리이던). 이 과정은 3장에서 이야기한 'ITIL의 서비스 전략' 부분이다. 이 서비스의 기능과 성능 유지보수와 관련된 나머지 항목인 서비스 디지인, 서비스 전환, 서비스 운영, 지속적인 서비스 개선 부분은 개발조직이 주도적으로 논의한 다음(아무래도 전략/계획 기능을 하는 조직은 이 부분은 거의 위임하는 형태이기 때문이다. 하지만 같이 논의하는 게 가장 좋다) 티켓화돼 백로그에 쌓인다. 그런 다음, 개발팀이 개발을 우선순위에 의해서 제품을 만들고, 테스트를 수행하고 릴리즈를 만들고 서비스 환경이나 패키징을 한다. 이렇게 릴리즈가 되면 비즈니스적인 평가를 또 하게 되고 작은 경우 추가 기능을 개발하고, 큰 경우는 비즈니스 전략 및 계획을 수립하게 된다.

아무래도 초기엔 기능 개발 관련 티켓들이 많아지지만 시간이 지날수록 제품을 운영하는 데 필요한 기능 또는 개선과 관련된 '문제관리' 성격의 티켓이 훨씬 더 많아진다. 『Facts and Fallacies of Software Engineering』(Addison Wesley, 2002)라는 책에 의하면 '소프트웨어 품질에 있어서 유지보수^{mainternace}가 차지하는 비중이 60% 이상이 된다(41번째 사실 부분. 'Maintenance typically consumes 40 to 80 percent [average, 60 percent] of software costs')라고 한다. 이때도 개발자가 더 많이 필요하다. 그래서 '비즈니스 계획 단계부터 지속적인 유지 보수까지 모두 개발자가 하는 것'이 바로 DevOps이다.

DevOps와 같이 나오는 단어가 바로 애자일 개발이다. 사람들은 애자일 개발을 마치 아무 계획 없이 하는 것처럼 이야기하지만, 애자일인 극소 규모의 폭소수$^{micro-scale}$ ^{waterfall}에 더 가깝다. 조금 만들어 보고 평가하고 다시 만들기를 계속 반복하는 것이 애자일인데, 어떻게 평가할지 정해지지도 않았는데(물론 그럴 순 있다) 계속해서 만들어 나가는 것은 분명 문제가 있다.

애자일에서 가장 중요한 것은 신속한 개발이 아니라 신속한 평가다. 그러려면 미리 기준을 고민해야 하기 때문에 폭포수와 다르지 않다. 전체적으로 모든 요구사항과 평가를 미리 만들 수 없기 때문에 조금 요구사항을 만들고, 요구사항을 기반으로 제품을 생산하고, 요구사항을 기준으로 평가를 하는 것(작은 규모의 폭포수)이 애자일 개발이다. 신속하게 결과를 보기 위해서 각 단계를 넘어가는 게 아니라 개발환경구성, 개발 결과물 테스트, 개발 결과 통합, 개발결과 릴리즈 및 배포 과정에서 적절하게 자동화 기능을 넣어서 신속하게 할 수 있는 환경이 갖춰져 있어야만 DevOps와 애자일이 잘 동작할 수 있다.

7.4 정리하기

IaaS 클라우드 서비스는 1000개 정도의 인스턴스에서 현재 수만 인스턴스까지 성장했지만, 서비스와 애플리케이션 아키텍처는 동일한 구조로 확장되고 있다. 어느 수준을 넘어서면서 있는 장비를 모아서 하는 클라우드 서비스가 아닌 클라우드 서비스를 위한 신규 서버와 네트워크 그리고 상면까지 준비해야 하는 상황이 됐다. 단순히 (단순하진 않지만) 개발을 위한 클라우드만으로는 상당한 서비스의 존재 이유뿐만 재정적 압박을 받았다. 위기는 기회라고 했었었나? 이러한 압력이 이후에 이어지는 모니터링 클라우드 서비스를 만들 수 있는 원동력이 됐다.

텔레메트리 클라우드의 목적과 효과

텔레메트리^{Telemetry}는 클라우드나 컴퓨팅 업계에서도 잘 알려지지 않은 단어다.[1] 텔레메트리는 모니터링에도 사용되지만 인스턴스나 컨테이너에 직접 설치를 하지 않기 때문에 일반적인 모니터링 시스템과는 구분된다. 메트릭을 보여주지만 측정^{measure}에 따라 이벤트를 만들어주기 때문에 일반적인 모니터링 시스템과는 구분이 된다.

이 책에서는 클라우드 시스템에서 가장 중요한 서비스를 꼽으라면 인증과 텔레메트리 서비스다. 아무리 리소스가 많고, 다양해져도 측정할 수 없다면 혼란만 가중시키고 제어할 수 없기 때문이다(만일 퍼블릭 서비스라면 가격 정보를 뽑을 수도 없다). 그리고 클라우드 서비스에서 텔레메트리 서비스가 발전하는 만큼 전체적인 클라우드 서비스를 미세하게 제어할 수 있다(예를 들어 FaaS[Function as a Service] 같은 것도 결국 텔레메트리 서비스가 아주 작은 분해능^{resolution}으로 제어할 수 있어야만 가능하다).

즉 '당신이 측정하는 것이 당신 자신이다$^{What\ you\ measure\ is\ what\ you\ are}$'라는 개념이 클라우드 서비스에도 오롯이 적용된다. 이 곳에서의 CMMI cloud 2단계는 텔레메트리 클라우드$^{Telemetry\ as\ a\ Service,\ 이하\ TaaS}$로 지정하게 됐다. 8장에서는 TaaS 클라우드를 만들게

---

1   한국어로 이야기하자면 원격측정이 정확한 번역이 될 수 있겠다.

된 배경과 사용한 기술 그리고 효과를 자세히 설명한다.

8.1 TaaS의 전략적 목적

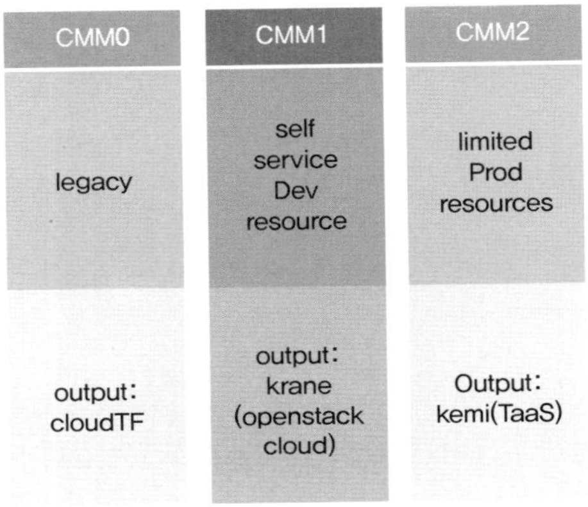

그림 8-1 CMMI 단계로 본 TaaS의 목적과 산출물

7장에서 이야기 했듯이, IaaS 클라우드가 출시되고 나서 인스턴스의 숫자가 급격하게 늘고 예산지출이 무시할 수 없는 수준에 이르렀고, 동시에 개발자가 자신의 실 서비스에도 인스턴스를 사용하고자 하는 요청이 많았다. 기존의 인프라 관리 조직에서는 다른 형태의 리소스에 대해 관리를 해야 하니 부담이 될 수밖에 없었다. 하지만 사용자의 요구가 있었고 간단한 서비스의 경우 물리 서버를 할당하는 것보다는 훨씬 경제적이었기 때문에 비용절감이란 측면에서도 고려해볼 수 있었다. 문제는 이종의 리소스를 관리하기 위해서 그동안의 관리체계나 정책이 맞지 않는다는 것이었다. 운영부서에서 다음과 같은 요구사항을 내놓게 된다.

- **CMDB 정합성 유지**: 운영부서에서 사용하는 CMDB에 인스턴스의 내용이 기존의 시스템과 동일하게 들어가야 했다. 기존의 서버 시스템과 같이 IP, 벤더, 설치된 패키지 정보를 볼 수 있어야 했다. 이는 회사의 감리 · 보안감사와 연

결된 것이었기 때문에 무시할 수 없었다. 그리고 나중에 알게 됐지만, CMDB를 기준으로 회사 IT 자산에 대한 ERP가 연결돼 있었기 때문에 전사 수준에서도 지켜야 할 가이드 라인이었다.

- **통합 모니터링**: 다양한 리소스가 존재하기 때문에, 각 리소스 별로 상이한 모니터링 시스템이 존재하면 관리부하가 커진다. 그래서 실제 서비스에 들어간 인스턴스는 기존의 모니터링, alert 시스템과 호환돼야 한다.

이 두 가지가 요구사항이었다. 즉 기존의 관리 경험에서 벗어나지 않도록 만들어야 인스턴스를 실제 서비스에 넣을 수 있었다. 요구사항이 과한 부분이 있었지만 충분히 일리가 있었다. 시기적인 요구사항이 하나가 더 있었는데, 2개의 회사가 합병돼 기존에 각 회사에 있던 관제 시스템을 통합해야 하는 이슈도 있었다. 그래서 전사 통합을 위한 부분도 고려 단계에 넣었다. 이런 요구사항에 맞춰서 텔레메트리 클라우드를 만들기로 하고 이것을 CMMI2 단계로 정의하고, 서비스 이름은 케미 KEMI(http://tech.kakao.com/2016/08/25/kemi)라고 만들었다.

> **NOTE**
>
> 모니터링 서비스라고 부르지 않고 텔레메트리 서비스라고 부르는 이유는 텔레메트리 자체의 의미는 원격(Tele) 측정(Metry)이기 때문이다. 다양한 리소스의 메트릭 로깅뿐만 아니라 애플리케이션에서 발생시키는 메트릭/로깅 데이터를 받아서 처리할 수 있어야 했다. 그래서 받아야 할 데이터의 소스가 어디던 간에 구분하지 않고 데이터를 가져와서 정해진 규칙에 의해 측정한다는 의미인 텔레메트리라는 단어를 선택했다. 또 하나는 대개의 경우 모니터링 시스템은 별도의 모니터링 에이전트를 해당 리소스에 설치해야 하는데 이럴 경우 운영체제 종류 커널의 버전 등에 따라 아주 많은 종류의 에이전트 바이너리를 관리해야 한다. 이런 관리의 어려움은 곧 비용과 많은 인력의 투입으로 이어지기 때문에, 에이전트의 종류에 관계없이 데이터를 가져올 수 있거나 받는 형태의 서비스를 목표로 했기에 기존과는 다른 이름을 사용하게 됐다.

8.2 TaaS의 주요 기술

8.2.1 배경 상황

대부분의 퍼블릭 클라우드 벤더는 자신만의 클라우드 모니터링 시스템이 따로 있다. 구글은 스택드라이버(https://cloud.google.com/stackdriver/), 아마존은 클라우드와 치(https://aws.amazon.com/ko/cloudwatch/)와 같은 서비스가 있다. 그리고 퍼블릭 클라우드를 기반으로 서비스를 하는 넷플릭스는 genie와 atlas 같은 별도의 메트릭 모니터링 시스템이 있다. 대부분의 IT 회사는 각 서비스 별로 각각의 메트릭, 로깅, 이벤트 시스템을 가지고 있고 IT 분야에서 이 영역만큼 변화가 심한 곳도 드물다.

간단하게는 SNMP를 사용하는 MRTG(https://www.mrtg.com)도 있고, 최근 들어 쿠버네티스와 같은 컨테이너 오케스트레이션에서 많이 사용하는 프로메테우스(https://prometheus.io)도 이 범주에 속하는 제품이다. 이 조직에서도 모니터링 툴은 아주 다양했다. 칵티(https://www.cacti.net), 나기오스(https://www.nagios.org) 등으로 메트릭 시스템은 다양했었고 로깅 시스템 역시 스파크(https://spark.apache.org), 스톰(https://storm.apache.org), samza(https://samza.apache.org), ELK(ElasticSearch, Logstash, Kafka) 등으로 다양했다. 이 툴이 합병 전에 2개의 회사에서 각각 다르게 사용되고 있었지만 하나로 합병된 이상 툴을 통합시킬 필요가 있었다. 두 회사의 합병에 있어서 IT 서비스 운영에 필요한 이런 메트릭/로깅 시스템을 통합시키는 것은 아주 중요하고 의미 있는 일이었다.

이런 문제를 고려하다 보니 클라우드 서비스에서 발생되는 인스턴스의 메트릭 로깅을 다른 일반 시스템의 메트릭과 로깅과 같은 형태로 수집 · 저장 · 조회할 수 있게 하는 방법을 생각해보니 다른(합병 전 다른) 회사의 툴과 연결시키는 것과 크게 다르지 않다는 것을 알게 됐다. 어차피 개발하는 김에 전사의 모든 컴퓨팅/네트워킹 리소스와 애플리케이션의 메트릭 로깅 그리고 퍼블릭 클라우드에서 인스턴스까지 모니터링 가능한 시스템을 만들기로 결정한다.

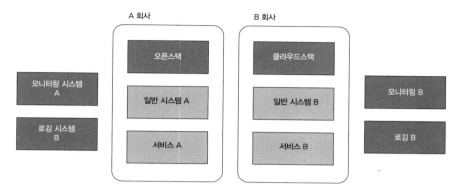

A 회사

오픈스택

일반 시스템 A

서비스 A

모니터링 시스템 A

로깅 시스템 B

B 회사

클라우드스택

일반 시스템 B

서비스 B

모니터링 B

로깅 B

그림 8-2 통합 로깅 모니터링 전 상황

8.2.2 새로운 텔레메트리 시스템 디자인

새로운 텔레메트리 시스템을 디자인할 때 그림 8-3과 같이 4개의 영역으로 나눠서 설계를 진행했다.

수집   저장   분석   표현

그림 8-3 텔레메트리 시스템 영역

설계에서 가장 까다로웠던 부분이 수집 영역이었다. 다양한 리소스들에 대한 메트릭/로깅 데이터를 통합해서 가져오거나 받을 수만 있다면 저장·분석·표현 영역은 그냥 해결될 것만 같았다(8장의 후반부에서 이야기하겠지만 이것도 완전히 잘못된 생각이었다). 먼저 수집 영역이 포함해야 하는 리소스를 나열해봤다. docker, 물리 서버, 가상 인스턴스, 퍼블릭 클라우드의 인스턴스 그리고 케미에 메트릭을 보관하고 싶은 다른 일반 서비스였다.

사람의 개입 없이 자동으로 리소스의 데이터를 수집해오려면, 어쨌든 해당 리소스에 도달할 최소한의 정보IP가 필요했다. 모든 리소스의 메타정보(하드웨어 정보, 패키지 정보, IP, 랙위치 등)를 가지고 있는 CMDB가 더 필요하게 됐다. 그래서 수집기를 선정하기 전에 먼저 시작한 일이 CMDB를 정비하는 것이었다. IMS라는 CMDB 서비스가 있었는데, 이 서비스에 데이터 정합성을 먼저 확인하고, 회사의 모든 컴퓨팅 리소스는 여기에 등록되도록 했다.

거꾸로 이야기하면 등록되지 않은 리소스는 회사의 리소스가 아니고 케미 서비스에서 담당하지 않는 것으로 했다. 아주 간단해 보이지만, 가장 강력한 규칙 중의 하나였다. 이 규칙을 가장 먼저 크레인 서비스에 적용했다. 크레인에서 인스턴스가 생성될 때마다, CMDB에 등록되고 삭제될 때 지워지도록 했다. 그리고 기존에는 Web으로만 동작하던 CMDB에 API와 인증을 추가해서 인증을 받은 요청은 언제든지 리소스를 조회 · 등록 · 삭제할 수 있도록 만들었다.

그림 8-4와 같이 크레인에서 생성되는 인스턴스뿐만 아니라, LB 인스턴스, DB 인스턴스 모두 IMS라는 CMDB에 등록되도록 했다. 이때 내부 DNS도 API를 사용해서 자동으로 등록/삭제되도록 했다.

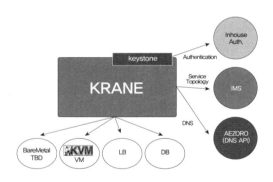

그림 8-4 크레인 IaaS 서비스와 내부 CMDB/DNS 연결도

모든 리소스를 CMDB로 모으고 나자(한쪽으로 모으는 부분이 사실 가장 어렵다), 조회 부분이 간단하게 해결됐다. CMDB API로 물리 · 가상 · 퍼블릭 클라우드까지의 접근 정보가 확인 가능해졌다. 그리고 접근 정보는 무조건 CMDB를 통해서 가져오는 것으로 결정할 수 있었다.

데이터를 수집하는 부분은 최대한 인스턴스에 에이전트 설치가 필요 없는 방식으로 하기를 원했다. 왜냐하면 대부분의 '전사'가 들어가는 서비스나 제품은 이 기종에 필요한 패키지나 에이전트를 설치하느라 에너지를 소모하기 때문이었다. 그래서 미리 설치돼 있는 에이전트 중에 가장 간단한 SNMP를 통해 데이터를 케미가 가져오는 형태polling로 개발하게 됐다. 그리고 IMS에는 없는 일반적인 서비스가 보내는 메트릭 데이터도 외부에서 넣을 수 있도록(push 형태) API를 별도로 만들었다.

저장 영역은 실시간 처리와 배치Batch 처리가 분리된 형태로 만들어서, 실시간 처리가 되는 영역과 배치 처리를 할 수 있는 2개의 영역으로 나눠서 만들었다. 분석 부분 역시 각 저장 영역에 따라서 별도의 계산 프레임워크가 실행되도록 디자인했다. 리얼타임 영역에서는 스파크나 스톰이, 배치 영역에서는 하이브hive. apache.org가 실행돼 필요한 정보를 계산했다. 마지막으로 조회 영역은 메트릭은 API나 GUIGrafana를 통해서 조회가 가능하게 했고, 로깅 데이터의 경우 리얼타임은 일래스틱 서치, 배치 데이터는 Hue(https://hue.apache.org)로 조회가 가능하도록 했다.

8.2.3 메트릭 텔레메트리 서비스

그림 8-5에 메트릭 텔레메트리 서비스의 전체 플로우를 나타냈다.

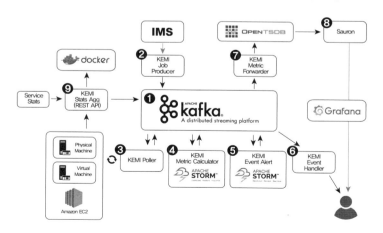

그림 8-5 메트릭 텔레메트리 서비스

❶ 메트릭 정보에 필요한 데이터의 중간에 이벤트 버스^{Event Bus}가 필요했는데, 분산 메시지 큐 시스템인 카프카(https://kafka.apache.org)를 사용했다. 카프카는 토픽^{topic}이란 데이터 모델 기준으로 메시지를 넣고^{publish} 가져갈^{subscribe} 수 있다. 여러 개의 브로커 서버에 파티션이란 단위로 하나의 토픽을 나눠서 저장하기 때문에 수평 확장과 성능 확장에 아주 유리하다. 그리고 메시지의 순서나 유실은 책임을 지지 않는 대신 성능이 다른 메시지 큐에 비해서 아주 빠르기 때문에 대규모 처리에 자주 사용된다.

❷ IMS에는 CMDB에 접근 가능한 리소스 정보가 있다. KEMI Job Producer는 CMDB에 접근해서 사내에 가지고 있는 전체 컴퓨팅 리소스 목록과 그에 해당하는 조회 정보(IP, SNMP 정보 등)를 가지고 온 다음에 하나의 리소스당 1개의 메시지로 만들어서 카프카^{kafka} 토픽(작업 토픽)에 저장한다.

❸ KEMI poller는 작업토픽에 있는 메시지를 꺼내서 해당 리소스에 접근해서 메트릭 정보를 가져온다. 보안존처럼 분리돼 있는 영역의 리소스의 메트릭은 특정 폴러만 접근할 수 있도록 설정해서 데이터를 가져온다. 어떤 데이터를 가져올지에 대한 정보는 별도의 키/값^{key/value} 저장소에서 가져온다. 가져온 메트릭 데이터는 다시 카프카의 다른 토픽에 저장한다. 폴러는 기본적으로 리소스의 SNMP데몬을 사용해서 데이터를 가져온다. 이절 절에서도 설명했지만, 별다는 설정 없이 가장 간단하게 쓸 수 있는 것이 SNMP였기 때문이다.

❹ poller가 넣어준 데이터를 토픽에서 꺼내서 가공한다. 왜냐하면 SNMP 결과 값의 특성상 메트릭 데이터가 그대로 사용가능한 것(eg. CPU 사용률, Load 등)과 계산을 해야 하는 것(eg. Memory 사용률의 경우 할당량 값과 사용하고 있는 메모리 값을 통해 계산해야 한다)이 있는데 이런 메트릭의 특성에 따라 Metric Calculator가 계산해서 다시 카프카 토픽에 저장한다.

❺ 메트릭 데이터가 다 계산되면, 사용자가 정해둔 규칙에 따른 메트릭 알람 조건을 확인해서 알람용 카프카 토픽에 내용을 저장한다. 사용자가 미리 정해둔 메트릭 한계 조건(특정 리소스의 cpu 사용률이 90% 넘을 때, 리소스 그룹의 장애율이 몇 개 이상일

때와 같은)은 역시 별도의 키/값 저장소에서 가져온다. 그리고 알람용 토픽에 한계 조건이 넘은 데이터를 저장할 때 이벤트를 보낼 곳(eg. 카카오 톡방, URL)의 정보도 동시에 저장한다.

❻ event handler는 알람용 카프카 토픽에 저장된 메시지가 있으면 이벤트를 처리 한다. 이것을 리얼타임 처리용 서비스라고 생각하면 된다.

❼ 리얼타임 처리는 event handler가 담당하고, 배치 처리나 장기간 저장을 위해서 ❹에서 처리한 데이터를 시계열 데이터베이스인 opentsdb에 저장한다.

❽ tsdb 인터페이스를 그대로 노출시킬 수 있지만, 그럴 경우 너무 많은 사용자가 동 시에 몰린다거나 너무 긴 기간의(수년간) 메트릭을 요청할 경우에 tsdb의 안정성 에 큰 문제가 된다. 사용자의 권한 별로 보안상의 이유 때문에 조회가 가능하지 않은 리소스가 있기 때문에 sauron이라는 API를 별도로 뒀다. 다만 opentsdb를 사용하는 다른 클라이언트 툴과의 호환성을 위해서 sauron api에서 특정 메트릭 을 조회하는 부분의 문법은 tsdb의 문법을 그대로 유지한다.

❾ IMS에 없는 리소스도 케미가 가지고 있는 메트릭 데이터 처리 파이프라인을 사 용해서 단기·장기의 메트릭을 처리할 수 있도록 API를 제공한다. poller가 데이 터를 가져와서 카프카 토픽에 저장할 때와 같은 형식으로 데이터를 API를 통해서 전달하면 ❺, ❽과 같은 영역은 케미가 알아서 해준다. 서비스 개발자는 자신이 메 트릭 데이터를 관리할 이유가 많이 사라지기 때문에 케미 서비스를 사용하게 됐 다.

그림 8-5와 같이 메트릭 텔레메트리 서비스가 완성되고 나서는 모든 리소스의 내 용을 다음과 같이 API(http로 제공되는 REST API)로 조회할 수 있게 됐다. 다음 내용은 curl이란 커맨드 라인 명령어로 dkos-marathon이란 이름을 가지는 호스트의 메트 릭 정보 중에 5분 간의 평균 부하load를 조회하는 명령어다. 다음 조회는 2018년 1 월1일 0시 0분에서 1년 간의 데이터를 요청한다. 이런 장기 쿼리가 올 경우 sauron api는 내부적으로 쿼리를 가공해서 완료 가능한 형태로 변경시킨 조회의 결과 값을 돌려준다.

```
$ curl -XPOST https://sauron/api/v2/query -d
'{ "start": 1514764800,
    "end": 1546300800,
    "queries": [{
        "metric": "-",
        "aggregator": "max",
        "downsample": "15m-max",
        "filters": [{
            "filter": "data.load.avg_5m",
            "groupBy": true, "tagk": "metric",
            "type": "literal_or" },
          { "filter": "dkos-marathon",
            "groupBy": true, "tagk": "host",
            "type": "literal_or" }] }]'
```

이렇게 API로 메트릭 데이터를 조회할 수 있게 해서 데이터를 가져가는 부분을 자연스럽게 표준화할 수 있게 됐다. 그림 8-5에서처럼 표준 UI를 제공하기도 하지만, 필요한 경우 사용자가 데이터를 API로 가져가서 별도의 화면을 만들 수도 있다.

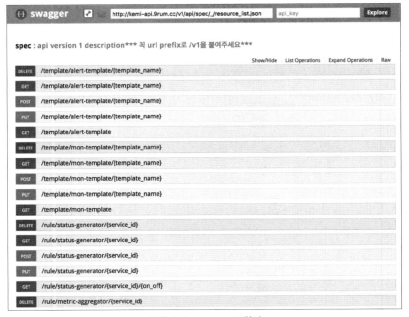

그림 8-6 sauron API 화면

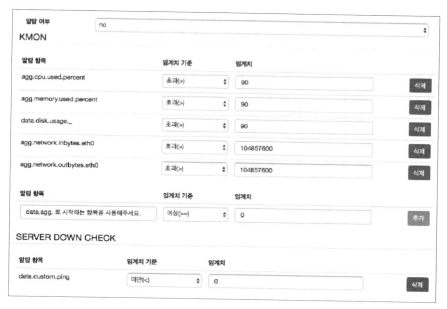

그림 8-7 알람 설정용 GUI

그림 8-7은 일반사용자가 알람 또는 이벤트를 만들 수 있는 사용자용 화면이고, 그림 8-6은 이때 호출되는 API의 리스트 중에 일부다.

8.2.4 로깅 텔레메트리 서비스

그림 8-8에 로깅 텔레메트리 서비스 전체 플로우를 표시했다.

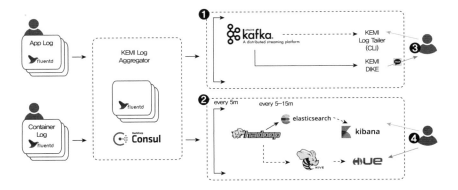

그림 8-8 로깅 텔레메트리 서비스

❶ 케미^{KEMI}의 실시간 처리 영역이다. 케미 로그 서비스는 기본적으로 KEMI Log
Aggregator로 모든 로그를 받도록 돼 있다. 이때 사용하는 로깅용 데몬은
fluentd(https://www.fluentd.org)이다. API를 통해 로깅 등록을 미리 해두고,
fluentd를 통해 KEMI Log Aggregator로 보내면, 로그 데이터를 실시간 영역과
배치 영역으로 구분해서 전달한다. 리얼타임쪽으로 전달된 로그 데이터는 카프카
에 저장된다.

❷ Log Aggregator가 배치용으로 데이터를 하둡에 저장한다. 그리고 5분 간격으로
하둡에 있는 데이터를 elasticsearch로 옮기는데, elasticsearch 대신에 하둡에
먼저 데이터를 쌓은 다음에 elasticsearch로 옮기는 이유는 elasticsearch에 바로
실시간 데이터를 계속 집어 넣을 경우 elasticsearch의 인덱싱 속도가 너무 느려
져서 결국 장애가 나기 때문이다. 대신에 5분 간격으로 하둡에 있는 데이터를 대
규모 업로드^{bulk upload}로 올리면 안정적으로 동작한다. 문제는 그림 8-9에도 표시
가 됐지만, kibana라는 elasticsearch UI로 데이터를 조회하기까지 최악의 경우
25분 정도가 소요된다. 그래서 실시간으로 로깅을 보여주기 위해서 3번의 KEMI
Log Tailert 서비스가 나오게 됐다.

❸ KEMI Log Trailer는 커맨드라인에서 자신의 서비스나 리소스에서 발생한 로그를
확인할 때 사용하는 커맨드라인 툴이다. ❷에서 설명했듯이 이때의 KEMI 구조로

는 실시간으로 로그 데이터를 조회하는 것은 한계가 있기 때문에 카프카에서 로그 데이터를 직접 가져와서 화면에 뿌려주는 역할을 한다. 이때 사용자 보안을 위해서 인증 기능이 추가돼 있고, 이 인증은 회사의 중앙인증 시스템과 연결돼 있다. KEMI DIKE는 로그 데이터 기반의 이벤트를 처리하는 서비스다. 사용자가 '특정 단어나 내 로그 안에 있으면 알려줘'와 같은 룰을 키/값 스토어에 API를 통해서 넣어두면, 이 룰을 기반으로 사용자의 로그 데이터를 분석해서 알려준다. 이때 룰은 표준 SQL 문법을 따르도록 개발돼 편리하게 로그 기반 알람을 만들 수 있다. 실시간 로그 처리는 스톰으로 개발됐다. 그림 8-8에선 아주 작게 표시가 됐지만, 실제로는 수백 대 정도의 클러스터가 데이터 처리를 담당한다.

❹ 배치 데이터는 ElasticSearch의 UI인 kibana나 HUE에서 제공하는 하이브로 조회가 가능하다.

> **NOTE**
>
> 실시간 데이터 처리와 배치 처리가 분리돼 있는 데이터 처리 아키텍처를 람다 아키텍처(lambda architecture)라고 한다. 아마존의 function as a service인 람다 서비스와는 아무 관계가 없고 단지 그리스어 람다(λ)가 시작(글자 위)은 한 군데인데 끝은(글자 아래) 두 갈래로 나뉘어져서, 그 모양이 닮았기 때문에 람다 아키텍처로 불린다.

8.2.5 텔레메트리 서비스 적용 효과

텔레메트리 서비스를 적용하고 나서부터 메트릭 · 로깅 데이터의 수집 · 저장 · 분석 · 표현 영역이 아주 자연스럽게 표준화되기 시작했다. 먼저 컴퓨팅 리소스와 인스턴스에서 나오는 데이터가 통합, 표준화면서 운영자들이 반기기 시작했다.

물론 초기에는 성능도 느리고 한계도 있었기 때문에 불만도 있었지만, 모든 리소스를 비슷한 형태로 관리할 수 있었기 때문에 운영의 단순함이 주는 이득이 훨씬 컸다. 그리고 메트릭/로깅 데이터를 파이프라인 형태로 쓸 수 있도록 제공했고, 실시간 데이터 처리와 배치 처리가 가능했기 때문에 기존 서비스 부서에서 자신이 관리하고 있던 데이터 파이프라인을 케미로 이전시키기 시작했다.

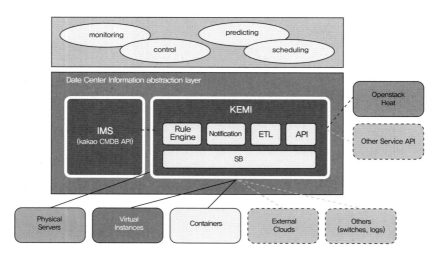

그림 8-9 케미를 통한 리소스 관리 추상화

그림 8-9와 같이 케미와 IMS라는 CMDB를 통해서 데이터 센터를 이루는 모든 리소스(물리/가상/컨테이너/외부 클라우드/네트워크 리소스)의 메트릭·로깅을 다 조회할 수 있기 때문에 실제적으로 데이터센터 추상화 또는 소프트웨어 기반 데이터 센터를 경험할 수 있었다. 이런 추상화된 서비스 위에서 서비스 운영자는 모니터링, 제어, 예측, 스케줄링 등의 작업을 아무런 어려움 없이 사용할 수 있었고, 케미가 제공하는 API를 통해서 다른 서비스가 필요한 정보를 가져갈 수 있는 환경이 만들어졌다. 모니터링이 통합되면서 아주 자연스럽게 인스턴스도 실제 서비스에 넣을 수 있게 됐다.

이렇게 자유롭게 리소스 데이터 추출이 가능해서 CUOTA라는 흥미로운 서비스를 만들 수 있었다. CUOTA는 그림 8-10처럼 리소스에서 CPU, 로그인 회수, 부하, IO량, 네트워크 트래픽 등을 조회해서 사용하지 않는 인스턴스를 찾아내서 자동으로 중지시키는 서비스다. 이때도 케미를 적극 활용해서 만들었다.

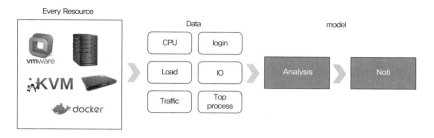

그림 8-10 CUOTA 서비스의 흐름도

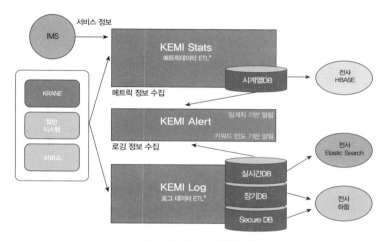

그림 8-11 케미 서비스 전체 연결도

텔레메트리 서비스는 인스턴스에서 나오는 메트릭·로깅 데이터뿐만 아니라 일반 서비스나 다른 시스템에서의 메트릭·로깅 데이터 파이프라인으로도 적극 사용됐다. API로 모든 설정이 가능했고, 단기·중기·장기 데이터 저장이라는 중요하지만 서비스 쪽에서 처리하기엔 인원의 부족이나 전문성 부분 때문에 까다로운 작업이, 텔레메트리 클라우드에 연결해두면 편리하게 처리되기 때문이었다. 그림 8-11 케미 서비스 전체 연결도와 같이 로깅/미터링 데이터를 기반으로 알람을 만들 수 있는 케미 어럴트[KEMI Alert] 서비스도 있었기 때문에 많은 데이터가 여기로 몰리기 시작했다. 문제는 너무 많은 서비스가 케미로 몰리면서, 특히 로깅 쪽은 하루에 거의 100TB까지 처리해야 하는 상황이 발생했다.

8.3 ITIL 관점에서의 TaaS 개발

8.3.1 TaaS를 ITIL에 활용하기

7장에서는 IaaS를 만들고 유지하는 것을 ITIL 관점에서 설명했다. TaaS 역시 그림 7-10과 크게 다르지 않다. 개발팀이 장애·요구·지표개선 관련 업무를 지정하고, 플래닝 이후에 스프린트에서 개발하고 자동 테스트를 통해 검증하고 릴리즈 후보군을 만든 다음 서비스 환경에 릴리즈하는 형태로 만들어진다. 그리고 서비스 자체의 디자인에서 가장 중요한 부분은 가용성도 있지만 용량 부분이다. 사용자가 생성하는 리소스뿐만 아니라 애플리케이션 로그 데이터까지 수집·저장·분석하기 때문에 저장 용량과 계산 용량이 부족할 경우 기록이 사라지는 이슈가 발생할 수 있기 때문이다.

TaaS 자체의 '서비스 전환' 측면에서도 변화 및 설정관리는 초기에는 앤서블^{ansible.com}을 사용해서 개발을 진행했으나 컨테이너와 컨테이너 오케스트레이터의 기술이 발전함에 따라서 그림 8-5의 ❹ 기능을 하는 컴퓨팅 클러스터는 컨테이너로 전환했다. 컨테이너로 전환을 했던 이유는 7장의 7.3절에서 개발로써 모든 운영을 하려고 하는 방법에서 컨테이너는 편리함을 제공한다.

기본적으로 TaaS 역시 3장에서 설명한 ITIL의 모든 부분을 이미 7장의 그림 7-11과 같이 진행하고 있었기 때문에 컨테이너를 사용하는 형태로 넘어 가는 선택과 실행이 어렵지 않았다. 사실 7장의 IaaS는 모든 것이 자동화돼 가고 있었지만, 아무래도 물리 장비를 기반으로 다른 서비스에서 사용하는 기본적인 인스턴스를 제공하고 있었기 때문에 배치 과정에서 뭔가 잘못되면 큰 장애로 이어질 수 있기 때문에 자동 배치를 적용하기가 어려웠다. 현재의 컨테이너 기술이 컨테이너 바깥쪽의 환경 즉 컨테이너가 가상 인스턴스와 인스턴스용 네트워크와 같은 리소스를 제어하는 쪽이 완벽하지 않았기 때문에 자동 배치를 적용하기는 어려웠다. 하지만 TaaS 컴퓨팅용 계산 리소스를 누군가에게 제공하는 서비스가 아니었기 때문에 자동 배치를 적용하는 것이 편리했다.

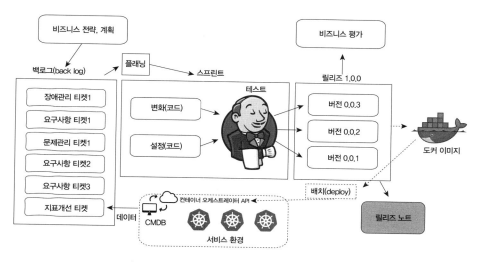

그림 8-12 컨테이너 오케스트레이터를 활용한 TaaS의 ITIL

그림 8-12와 같이 컨테이너 오케스트레이터를 활용해서 TaaS의 ITIL을 변경했다. 기존에 이미 지라와 코드로 개발·유지보수를 하는 형태로 돼 있고 매번 릴리즈 관리를 하고 있었기 때문에 이 릴리즈별로 도커(컨테이너) 이미지를 만들고, 배치도 이전에는 ansible이란 설정관리 툴을 사용했지만 이제는 컨테이너 오케스트레이터를 통해서 진행한다.

컨테이너 오케스트레이터를 사용해서 좋은 점은 롤링 업데이트나 블루 그린 배치 Blue/Green Deployment와 같은 정교한 배치를 하기 위해서는 애플리케이션 코드부터 시작해서, 주키퍼zookeeper.apache.org와 같은 코디네이터 소프트웨어, 그리고 배치 코드까지 다 신경 써야 했다. 하지만 이제 애플리케이션에서 컨테이너 오케스트레이터가 지원해주는 서비스 발견 기능과 실행상태 체크 기능만 고려해서 개발하면 정교한 배포를 이전보다 쉽게 만들 수 있게 됐다.

TaaS는 모든 컴퓨팅 리소스뿐만 아니라 애플리케이션의 메트릭 로깅 정보도 API로 확인할 수 있는 서비스이기 때문에, 클라우드를 기반으로 다른 서비스를 만들고 유지하는 곳에 정확한 정보를 제공해서 이 서비스가 ITIL과 DevOps 기반으로 개발 운영하는 데 아주 큰 도움이 됐다. 대개의 경우 다양한 서비스 데이터를 모으는 데 아주 많은 사람과 개발이 필요하다. TaaS가 이 영역을 대신해줌으로써 지속적인 서비스 개선에 필요한 정보를 간편하게 수집·관리할 수 있게 됐기 때문이다.

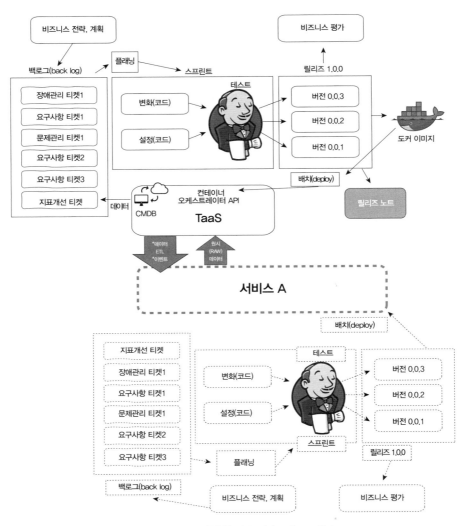

그림 8-13 TaaS를 활용한 다른 서비스의 ITIL 개념도

그림 8-13을 보면 서비스 A에서 생성된 원시 데이터가 TaaS로 들어오면, TaaS는 이 데이터를 목적에 맞게 ETL 작업을 자동으로 하고 사용자가 생성한 조건에 따라

이벤트를 발생시킨다. 이렇게 특정 서비스의 지표 데이터를 수집·관리하기 편하게 만들어서 다른 서비스에서도 이 클라우드 기반의 ITIL을 가능하게 만들었다.

다만 점선으로 표시한 이유는 TaaS 활동 지표를 측정하기 편리하게 됐지만, 어떤 서비스를 클라우드 기반의 ITIL로 하려면 결국 그 조직에서 개발 프로세스 전반을 개선해야 하는 것이고, TaaS는 좀더 편하게 할 수 있는 단초를 재공하는 것이기 때문이다.

8.3.2 TaaS의 표준화

지속적인 서비스 관리를 위해서 표준화된 리소스와 측정 방법을 사용하는 것은 아주 중요하다. 점점 이종 클라우드(Heterogeneous Cloud. 하이브리드(프라이빗 클라우드와 퍼블릭 클라우드를 사용하는 것) 클라우드와 멀티클라우드(다수의 퍼블릭 클라우드를 동시에 사용하는 것)를 포괄하는 용어다) 기반의 개발이 예상되고 있어서 자신이 만든 서비스를 어느 클라우드에 올려두더라도 간편하게 유지 보수를 할 수 있어야 하는 시대가 돼 간다.

이때 가장 중요한 것이 바로 로깅·메트릭 관련 데이터의 표준화이다. 로깅·메트릭 관련 표준화는 데이터 수집용 에이전트뿐만 데이터 자체에 대한 표준화도 포함한다. 2장의 2.3절에서 이야기한 것처럼 리소스 생성 단위가 이벤트 기반^{Event Driven}이기 때문에 아주 많은 곳에서 이벤트를 사용하고 있지만 표준화된 방법이 없기 때문에 개발자나 운영자가 이 이벤트를 보내고 받아들이는 부분을 클라우드가 바뀔 때마다 새로 배워야 하는 어려움이 있다. 클라우드 네이티브 컴퓨팅 재단^{Cloud Native Computing Foundation, 이하 CNCF}에서는 이렇게 다양한 이벤트의 정의 때문에 겪는 불편함에 대해서 지속적으로 논의하고 필요한 제품의 요구사항을 정의하기 위해서 클라우드 이벤트^{cloudevents.io}를 CNCF Sandbox 프로젝트로 지정했다.

클라우드 이벤트는 JSON 형태만을 생각해서 정의된다. JSON 안에 이벤트 버전, 이벤트 타입, 이벤트 소스, 이벤트, 이벤트 시간 등의 내용과 형식 역시 클라우드 이벤트에서 지정한다. 하나의 이벤트의 크기는 64KB가 넘지 않도록 데이터의 크기도 지정한다. 클라우드 이벤트의 규격에 따른 이벤트 정보의 내용은 다음과 같다.

```
1:      {
2:          "specversion" : "0.4-wip",
3:          "type" : "com.github.pull.create",
4:          "source" : "https://github.com/cloudevents/spec/pull",
5:          "subject" : "123",
6:          "id" : "A234-1234-1234",
7:          "time" : "2018-04-05T17:31:00Z",
8:          "comexampleextension1" : "value",
9:          "comexampleextension2" : {
10:             "othervalue": 5
11:         },
12:         "datacontenttype" : "text/xml",
13:         "data" : "<much wow=\"xml\"/>"
14:     }
```

2: specversion 항목은 반드시 있어야 하고, 어떤 문자든 채워 넣어야 한다.

3: type 항목은 이벤트를 보낸 쪽에서 어떤 행위와 연관이 있었는지 알 수 있는 스트링 항목이어야 한다. 역시 비어 있으면 안되고 역방향 DNS 이름으로 시작해야 한다.

4: source 항목은 이벤트가 발행한 곳을 식별할 수 있는 URI 레퍼런스 값이어야 한다. source와 이후에 설명할 id를 결합한 값은 모든 이벤트 값 중에서 유일한 값이어야 한다.

5: subject는 이벤트가 어떤 항목 또는 주제에 관해서 발생했는지 나타낸다.

6: id는 이벤트를 식별할 수 있는 번호이고 source 항목과 id 항목을 연결한 값은 유일해야 한다. 이 값은 반드시 정해져야 하는 항목이다.

7: 이벤트가 발생한 시간을 그레고리안 책력^{Gregorian Calendar}으로 나타낸 값이다.

10~14: 필수 항목은 아닌 추가적인 항목이다. 특이한 것은 실제 이벤트의 내용 역시도 추가적인 항목이란 것이다. 이 부분은 아무래도 개인정보 데이터 같은 민감한 실

제 데이터도 들어갈 수 있으니 선택적으로 둔 것 같다.

클라우드 이벤트는 이런 표준 규격 외에도 표준 개발 킷^{SDK}을 제공한다. 파일 8-1은 go 언어로 작성된 예제 코드다. 8~13라인을 보면 클라우드 이벤트에서 정의한 형태대로 오브젝트를 만들어서 사용하는 것을 알 수 있다. 보내는 쪽도 표준에 맞춰서 보내고, 받는 쪽은 표준에 맞춰진 데이터라고 예상하고 이벤트 메시지를 분석할 수 있게 해서 복잡성을 줄이는 것이 클라우드 이벤트 프로젝트의 핵심이라고 할 수 있다.

파일 8-1 cloudevent의 go언어 샘플

```
1:      var source = cloudevents.ParseURLRef("https://cloudevents/go/sender")
2:      var subject = "this_thing"
3:      for i := 0; i < 10; i++ {
4:              data := &Example{
5:                      Sequence: i,
6:                      Message:  "Hello, World!",
7:              }
8:              event := cloudevents.Event{
9:                      Context: cloudevents.EventContextV03{
10:                             Type:    "com.cloudevents.sample.sent",
11:                             Source:  *source,
12:                             Subject: &subject,
13:                     }.AsV03(),
14:                     Data: data,
15:             }
```

클라우드 이벤트는 현재 0.3 버전까지 나와 있고, 0.4 버전이 한창 작업중이다. 아직은 규격의 내용이 완전히 정해진 것도 아니고, 각 이벤트를 추적할 수 있도록 하는 내용은 정의되지 않은 상태이기 때문에 곧바로 실 환경에서 적용하기는 어려울 수 있다. 하지만 최대한 잘 만들어질 수 있도록 클라우드 이벤트는 이벤트를 가장 많이 사용하는 CNCF 내의 서버리스^{ServerLess} 워킹 그룹에서도 긴밀하게 이야기를 하면서 요구 조건을 만들어 내고 있다.

이렇게 클라우드 내에서 생성되는 이벤트의 내용이 표준화되면, TaaS는 이 메시지 포맷을 받아들일 수 있도록 수집기와 분석 시스템을 조절하면 된다. 이런 표준은 어느 클라우드 환경에서도 동작하도록 만들어지고 있기 때문에 이후에 이종 클라우드를 대상으로 애플리케이션 이식이나 혼용 관리가 간편해질 수 있다.

8.4 정리하기

텔레메트리 클라우드가 개발되고 나서, 인스턴스를 통한 실제 서비스가 가능해졌다. 관제 · 운영부서의 요구대로 여러 종류의 리소스에 대한 메트릭과 로깅 데이터의 조회, 분석, 알람 작업이 통합됐기 때문이다.

문제는 실 서비스에 들어가는 인스턴스의 수가 많이 늘지 않는 것이었다. IaaS쪽에서는 계속해서 새로운 기능의 서비스를 내어 놓고 있는데, 정작 사용자는 GUI로 인스턴스를 만드는 것 외에는 다른 형태로 사용하지 않았다. 이때 추이를 살펴봤는데, GUI 대신 API로 IaaS에 요청을 보내는 사용자는 한 명도 없었다. 이런 식으로는 클라우드 사용의 확산이 더딜 것이라고 판단돼, 직접 우리가 만드는 API를 최대로 사용하는 서비스를 만들기로 했다. 이 계획이 컨테이너 오케스트레이터 서비스의 시작이 됐다.

⑨

컨테이너 클라우드의 목적과 효과

컨테이너는 가장 최근에 등장한 컴퓨팅 리소스 단위다. 특이하게도 컨테이너는 애플리케이션 이미지와 리소스가 같이 묶여있는 단위이기도 하다. 이전에는 리소스는 인프라 스트럭처 쪽 담당이고 애플리케이션은 앱 엔지니어의 몫이었지만, 컨테이너가 등장하고 난 이후로는 이 둘의 경계가 모호해졌다.

DevOps라는 단어가 다시 인기를 끌기 시작했지만, 컨테이너는 운영자보단 애플리케이션 개발자에게 훨씬 더 편리한 도구다. 컨테이너라는 개념은 아주 오래됐지만, 도커Docker[1]라는 오픈소스가 발표되면서 선풍적인 인기를 끌기 시작했다.

컨테이너는 애플리케이션을 이미지로 만들고, 어디서는 도커만 있으면 이 이미지를 실행시켜서 애플리케이션이 동작하게 할 수 있다. 애플리케이션을 이동시키려면, 도커 이미지만 이동시키거나 어딘가에서 이미지를 받으면 된다. 애플리케이션을 이미지로만 관리할 수 있게 되자, 애플리케이션 오케스트레이션(동적으로 애플리케이션을 실행시키고, 옮기고 필요한 경우 삭제하는 프로그램)이 아주 쉬워졌다. 물론 기존의 VM 기

---

1 도커는 dotCloud라는 회사에서 만들어진 소프트웨어. 2013년에 pyconf에서 발표되면서 오픈 소스로 공개됐다. 처음에는 LXC라는 리눅스 컨테이너를 기반으로 하다가 0.9 버전부터는 libcontainer를 사용한다.

반의 오케스트레이션(CloudFormation 등)도 존재하긴 했지만, VM 기반의 오케스트레이션은 VM 생성 이외에 애플리케이션 설정을 위한 설정 자동화 코드를 또 작성해야 했기 때문에 사용성이 아주 떨어졌다. 컨테이너 오케스트레이터는 사용자가 정의해둔 로직에 의해 컨테이너를 자동으로 관리하기 때문에, 컨테이너 오케스트레이터는 리소스를 API로 제어하는 클라우드 환경과 잘 맞아 떨어질 수 있다. 이 조직에서는 컨테이너 클라우드를 CMMI cloud의 3단계로 정했다. 9장에서는 Container Orchestrator as a Service인 CaaS를 만들게 된 배경과 사용한 기술 그리고 효과에 대해 자세히 설명한다.

9.1 TaaS의 전략적 목적

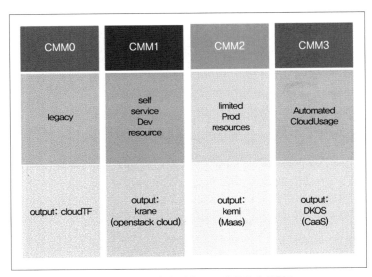

그림 9-1 CMMI 단계로 본 CaaS의 목적과 산출물

8장에서 이야기했듯이 이때 즈음에 네트워크 모델을 새로 만들어서 적용한 IaaS는 확장성 면에서는 큰 이슈 없이 성장하고 있었고, Telemtry Cloud 서비스가 출시되고 난 이후로 VM이 실 서비스에 직접 투입돼 사용되고 있었다. 관제나 운영자가 동

일한 인터페이스와 CMDB를 통해 서비스를 관장할 수 있게 돼 VM 사용 자체에 대한 거부감은 많이 줄었지만, 여전히 개발자·운영자 모두 '인스턴스 생성'을 IaaS의 전부라고 생각하고 있었고, VM에서 생성되는 시스템 메트릭과 시스템 로그를 받아서 처리 보관하는 것만을 Telemetry as a Service라고 생각하고 있었다.

두 클라우드 모두 더 많은 기능을 추가하고 발전시켜야 했지만, 실제 사용하는 기능이 제한적이었기 때문에 기능 확장·추가에 부담을 느낄 수밖에 없었다. 이 2개의 클라우드 기술과 서비스를 동시에 사용하면서도 사용자가 클라우드를 쉽게 사용할 수 있는 기술을 찾아봤고, 마침 컨테이너와 컨테이너 오케스트레이션 기술이 오픈소스로 하나둘씩 공개됐다. 해당 오픈소스를 들여다 보니, 내부에 클라우드(대부분이 퍼블릭 클라우드쪽 지원 코드였지만, 다행히 아주 기본적인 기능이 동작 가능한 오픈스택 클라우드용 코드도 있었다)와 연결되는 코드가 들어가 있는 것을 확인했다.

그래서 컨테이너와 오케스트레이터를 사용해서 자동화된 그리고 아주 간편한 클라우드 사용경험을 주는 것을 목표로 하는 클라우드 CMMI 3단계를 진행했다. 컨테이너 오케스트레이터 자체는 컨테이너를 조절하는 기능은 잘 만들어져 있었지만, 컨테이너로 서비스를 만들고 운영하는 데 필요한 기능은 부족했다. 예를 들면 로드 밸런서 자동화라던지, 중·장기 로깅·메트릭 데이터 저장 조회기능이 부족했는데 이 부분을 보완해 주는 형태로 접근하게 됐다.

9.2 CaaS의 주요 기술

9.1.1 배경 상황

2013년 파이콘^{pycon}에서 도커^{docker}라는 기술이 발표됐다. 발표자는 dotCloud였다. docCloud는 주로 PHP, 파이썬 기반의 Platform as a service를 만들던 회사였는데, 이 회사에서 사용하는 주요 기술인 컨테이너를 도커라는 이름으로 공개했다. 이후 도커는 컨테이너 기술의 대명사가 되기 시작했다. 앱을 이미지에 넣고 필요한 리소스(cpu, memory 등)는 매개변수로만 전달해주면 어디서든(도커만 설치돼 있으면 된다) 앱을 실행할 수 있다는 이 멋있는 콘셉트에 다들 열광했다. 컨테이너는 1개의 이미지가 1개의 API 서비스를 담당하기 때문에 마이크로서비스 아키텍처^{Micro-service} architecture 개념과 너무 잘 맞는 기술[2]이어서, 너도 나도 컨테이너로 만들어서 자신들의 서비스를 배치하려고 했다. 컨테이너는 그림 9-2와 같이 이미지 영역에 애플리케이션 패키지를 설치하고 그 주위로 이벤트 와처^{event watcher}, 멤버쉽^{membership} 관리, 락^{lock} 장치와 같은 동적인 상태가 발생했을 때 처리할 수 있는 메커니즘이 같이 포함돼 있다.

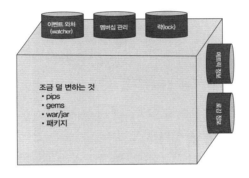

그림 9-2 컨테이너 이미지의 콘셉트 그림

애플리케이션에서 나오는 메트릭과 로그를 확인할 수 있는 표준화된 방법이 있다. 실 서비스에서는 컨테이너의 실행을 오케스트레이터가 담당한다. 이벤트와처를 통해 오케스트레이터가 컨테이너의 상태를 파악할 수 있기 때문에 애플리케이션이 정상 상태가 아닌 경우를 파악하고, 오케스트레이터가 가용한 컴퓨팅 노드에서 동일한 이미지를 통해 동일한 애플리케이션을 다시 실행한다. 또는 메트릭이나 로깅에서 어떤 특정한 값이나 단어가 나올 경우에도 사용자가 설정(대개의 경우 선언(declaration)이란 단어를 사용하지만, 편의상 설정이라고 표현했다)만 해두면 오케스트레이터가 자동으로

---

2   사실은 그렇지 않다. 마이크로서비스 아키텍처를 위한 준비는 컨테이너뿐만 아니라 서비스 디스커버리, 서비스 메쉬 등과 같은 다양한 형태의 기술이 필요하다. 그리고 아키텍처 전반에 대한 재 설계가 필요하다.

컨테이너 이미지를 통해 애플리케이션을 조절한다.

사용자가 설정한 대로 오케스트레이터가 자동으로, 즉 프로그램을 통해 조절하기 때문에 API로 컴퓨팅 리소스를 관리하는 클라우드와 연결되면 최적의 운영환경이 된다. 예를 들어 MySQL 서버를 실행하는데, MySQL 서버에 볼륨 스토로지를 할당하고 붙인 다음 DB의 데이터는 이 디스크 볼륨을 사용하도록(컨테이너 오케스트레이션에서는 이런 설정을 persisten volume이라고 한다), IaaS를 이용해서 코드를 작성한다고 생각해보자. 아마 쉽지 않다는 생각을 할 것이다. 하지만 컨테이너 오케스트레이터를 이용하면 다음과 같이 간단하게 표현된다.

파일 9-1 persistent volume을 통한 mysql DB 사용 예제

```
 1:      spec:
 2:          containers:
 3:          - image: mysql:5.6
 4:            name: mysql
 5:            env:
 6:            - name: MYSQL_ROOT_PASSWORD
 7:              valueFrom:
 8:                secretKeyRef:
 9:                  name: mysql-pass
10:                  key: password
11:            livenessProbe:
12:              tcpSocket:
13:                port: 3306
14:            ports:
15:            - containerPort: 3306
16:              name: mysql
17:            volumeMounts:
18:            - name: mysql-persistent-storage
19:              mountPath: /var/lib/mysql
20:          volumes:
21:          - name: mysql-persistent-storage
22:            persistentVolumeClaim:
23:              claimName: mysql-pv-claim
```

3: 컨테이너 이미지는 mysql:5.6을 사용한다.

5~10: mysql 설정에 필요한 환경변수(name, key) 등을 설정한다.

11~13: mysql 컨테이너가 살아있는지[liveness]를 점검할 방법을 설정한다. tpcSocket의 3306 포트가 떠 있으면 해당 앱이 살아 있다고 판단한다.

15: 컨테이너 포트는 3306번으로 한다.

17~19: 컨테이너에 붙일 볼륨을 설정한다. myslq-persistent-storage라는 볼륨을 /var/lib/mysql에 붙여서 사용한다.

21~23: mysql-persistent-storage라는 이름의 볼륨은 mysql-pv-claim이란 pvc[persisten volume claim]의 결과를 사용한다. pvc는 쿠버네티스에서 특정 크기의 볼륨을 클라우드 API로 요청해서 생성한다. 11~13라인에서 앱이 살아있는지 확인하기 위한 과정에서, 앱이 죽었다고 판단되면 다른 컴퓨팅 노드에서 앱을 실행한다. 이때 이 볼륨도 오케스트레이터가 새로 앱을 실행한 컴퓨팅 노드에 연결해서 앱(즉, mysql)이 /var/lib/mysql에서 해당 볼륨에 접근할 수 있도록 조절한다.

만일 사용자가 IaaS에서 제공하는 API만으로만 했다면 아주 많은 줄의 코드와 더불어 아주 많은 노력이 필요했을 것이다. 하지만 컨테이너 오케스트레이터를 활용하면 파일 9-1의 몇 줄 또는 수십 줄이면 간단하게 처리할 수 있다. 사용자는 간단한 설정만으로 애플리케이션을 만들고 배치할 수 있고, 앱의 상태는 컨테이터 오케스트레이터가 잘 관리해 줬기 때문에 우리는 가지고 있는 IaaS, Telemetry cloud와 컨테이너 오케스트레이터가 잘 결합되도록 하는 그리고 실제 IT 서비스를 할 수 있는 컨테이너 오케스트레이터 클라우드가 필요했다.

9.1.2 컨테이너로 실서비스를 하기 위한 기술

컨테이너 클라우드를 실 서비스에서 사용하기 위해선 오케스트레이터의 안정성과 확장성은 아주 중요해 보이는 부분이다. 어떤 사람은 네트워킹 성능을 이야기하기도 한다. 어떤 사람들은 특정 솔루션을 반드시 사용해야 한다고 이야기하기도 하고, 어떤 사람들은 컨테이너나 오케스트레이터는 필요 없다라고도 이야기한다. 새로운 제품이나 기술이 발표되면, 항상 새로운 제품 자체에 대한 장점과 단점에 대해 알려고 하고 이게 과연 사용할 수 있을 만한 제품인가 고민하게 된다. 그 고민에 따라 어떤 제품은 선택하기도 하고, 어떤 경우에는 제품이나 제품 선택을 또 후회하기도 한다.

새로운 기술을 실제 서비스에 적용하려면 고민이 커질 수밖에 없다. 그때 좋은 판단 기준은 바로 '내가 사용하려고 하는 제품이 본질적으로 과연 어떤 것이지?'를 물어보는 것이다. 컨테이너와 오케스트레이터 자체에서도 꽤 오랫 동안 고민했다. 이미 IaaS와 TaaS를 만들고 있는 가운데서, 컨테이너 오케스트레이터란 어떤 의미일까를 고민할 수밖에 없었다. 꽤 오랜 시간 고민한 후 왜 그렇게 생각했는지 모르겠지만 컨테이너 오케스트레이터 자체는 자동차의 엔진이라고 생각했다. 자동차 샤시와 바퀴를 IaaS라고 생각했고 텔레메트리 클라우드는 자동차에서 신호를 서로 전달해주는 전자장비라고 생각했다. 우리는 자동차를 만드는 사람이지 각 파트를 만드는 사람이 아니라고 생각했다.

그때 당시 컨테이너 서비스에 집중할 수 있는 인력(당시에 1명 정도의 여유밖에 없었다)과 제반 여건을 고려해볼 때 우리가 오케스트레이터 자체를 만드는 것은 불가능한 일이라고 판단했다. 그래서 오케스트레이터는 크레인 서비스가 그랬던 것처럼 오픈 소스를 최대한 활용하는 것으로 결정했다. 당시만해도 그림 9-3과 같이 아주 다양한 컨테이너와 컨테이너 오케스트레이터가 있었고 어떤 것이 더 대중화될지 알 수 없었기 때문에 언제든 오케스트레이터는 교체할 수 있도록 디자인하는 것이 핵심이 됐다.

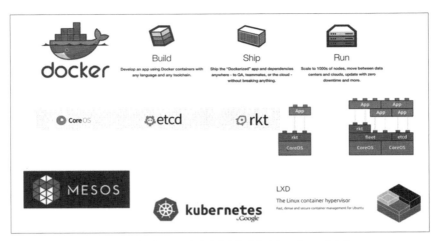

그림 9-3 다양한 종류의 컨테이너와 컨테이너 오케스트레이터

실 서비스를 위한 네트워크 아키텍처를 그림 9-4와 같이 정의했다.

❶ 진입 포인트의 단일화를 위해 vip 설정을 해주는 L4 로드 밸런서를 시켰다. 사용자는 이 L4를 통해서 요청을 보낸다. 최근의 트렌드는 이 L4도 확장시킬 수 있는 구조로 만들고 있다. 카카오에서도 이 영역을 라우터를 사용해서 ECMP를 적용해서 확장시키는 방법을 적용하고 있고, 여기에 오케스트레이터를 적용해서 자동으로 확장 가능하도록 만들었다.

❷ L4 로드 밸런서 뒤에 L7 로드 밸런서를 위치시켰다. 여기에 L7 로드 밸런서를 위치 시킨 이유는 인증서를 넣은 https 처리를 해주기 위해서이다. 이걸 앞 단의 L4에서도 해 줄 수 있지만, L4가 확장하기 어려운 구조일 경우 여기서 인증서의 암호화 복호화까지 실행하면 부하가 엄청나기 때문이다. 또 하나는 여기에 확장 가능한 L4를 ECMP(Equal Cost Multi-Path)로 만들 경우에는 아예 L7 기능은 넣기가 불가능하기 때문이다.

❸ L7과 컴퓨트 노드 내의 컨테이너는 inline 형태로 유지되며, L7에서 사용자로 다시 결과를 되돌려줄 때는 DSR^Direct Server Return 로 L7에서 직접 응답하게 해 L4의 부담을 줄인다.

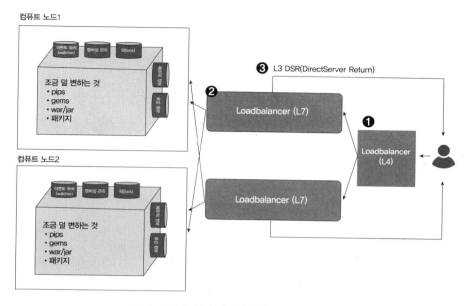

컴퓨트 노드1

이벤트 와처 (watcher)　멤버십 관리　락(lock)

조금 덜 변하는 것
• pips
• gems
• war/jar
• 패키지

컴퓨트 노드2

이벤트 와처 (watcher)　멤버십 관리　락(lock)

조금 덜 변하는 것
• pips
• gems
• war/jar
• 패키지

❷ Loadbalancer (L7)

Loadbalancer (L7)

❸ L3 DSR(DirectServer Return)

❶ Loadbalancer (L4)

그림 9-4 컨테이너 서비스를 위한 네트워크 아키텍처

그림 9-4에서 확장 가능한 L4는 그림 9-5와 같이 만들 수 있다. 이 기능은 라우터의
ECMP를 활용하는 것이 핵심이다.

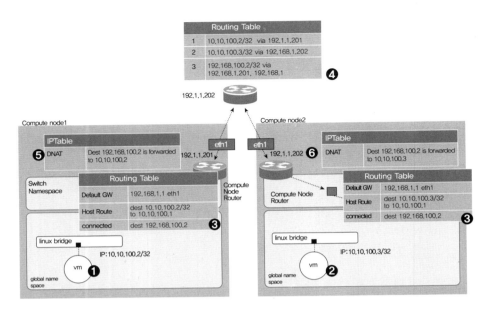

그림 9-5 IaaS를 활용한 확장 가능한 L4/L7 로드 밸런서

❶ 32비트가 적용된 가상머신 10.10.100.2를 생성한다. 이때 VM의 이미지는 L7 로드 밸런서이다. 즉 VM이 실제로는 로드 밸런서다.

❷ 다른 컴퓨트 노드에도 역시 L7 이미지로 가상머신을 생성한다. ip는 10.10.100.3이다.

❸ 하이퍼바이저의 라우터에 VIP용 IP(192.168.100.2)를 게이트웨이에 추가로 입력한다. L7이 올라와 있는 VM이 있는 하이퍼바이저에 동일한 작업을 해준다. 그리고 라우터를 설정해서 추가로 입력된 IP가 상위 라우터로 전달되도록 한다.

❹ VIP IP(192.168.100.2)가 상위 라우터에서는 2개의 경로(192.168.1.201[compute node1], 192.168.1.202[compute node2])로 인식된다. 이 두 개의 경로는 코스트가 같기 때문에 해당 VIP로 요청이 올 경우 라운드로 빈 형태로 전달된다. 바로 아주 단순한 형태의 L4 역할을 라우터가 하게 된다. 그래서 라우터의 ECMP를 사용해서 VIP를 만드는 것을 가난한 자의 로드 밸런서라고도 한다.

❺ 목적지 주소 192.168.100.2가 각 컴퓨트 노드에 따라 각각 다른 VM(L7 이미지 기반)으로 연결되도록 iptables을 조작해서 compute node1의 경우 목적지의 주소를 10.10.100.2로, compute node2의 경우 목적지의 주소를 10.10.100.3으로 바꾸도록 한다.

그림 9-5와 같이 ECMP와 VM을 결합시키면, L7의 트래픽이나 부하에 따라서 자유롭게 확장할 수 있다. 이 인스턴스의 확장을 클라우드의 오토스케일과 연결시켜두면 더 편리하게 L7 로드 밸런서의 규모를 변경시킬 수 있다. 확장 가능한 L7모델도 현재 시험적으로 적용 중이다.

실제 서비스를 하기 위해서는 무엇보다 로깅 메트릭 정보를 관리하는 것이 제일 중요하다. 그래야 디버깅도 가능하고, 필요한 경우 고객이 원하는 데이터를 줄 수도 있기 때문이다. 대부분의 클라우드 오케스트레이터는 자체적으로 로깅 메트릭을 위한 기본적인 방법은 제공하지만, 중·장기 로깅 메트릭 데이터에 대한 부분은 전혀 고려하지 않기 때문에 이 부분은 각 회사별·조직별로 자체적으로 해결해야 한다. 다행히 여기에는 괜찮은 텔레메트리 클라우드가 있어서 연결만 시켜주면 됐다. 연결 방법은 그림 9-6과 같다.

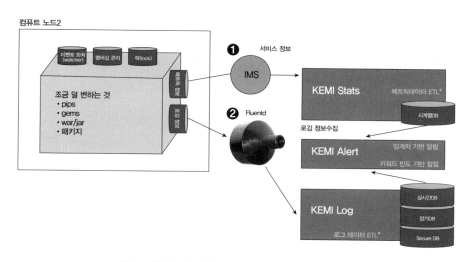

그림 9-6 컨테이너 클라우드와 텔레메트리 클라우드의 연결

❶ 컨테이너용 메트릭은 compute node가 생성되면서 바로 IMS라는 CMDB에 등록된다. CMDB에 등록된 모든 리소스는 텔레메트리 클라우드^{KEMI-stats}가 자동으로 메트릭을 수집하기 때문에, 컨테이너 메트릭은 아주 간단하게 처리된다.

❷ 로깅의 경우는 각 컨테이너용 컴퓨트 노드 별로 fluentd를 설치해서 텔레메트리 클라우드로 보낸다. 컨테이너용 로깅 데이터 파이프라인은 텔레메트리 클라우드가 가지고 있는 파이프라인을 그대로 사용한다.

9.1.3 컨테이너 클라우드 적용 효과

그림 9-5, 그림 9-6과 같이 기존의 IaaS, 텔레메트리 클라우드를 적극 활용하지만 사용자에게는 아주 간단히 사용할 수 있는 컨테이너 오케스트레이션만 노출함으로써 아주 편리한 컨테이너 클라우드가 완성됐고 이 서비스의 이름을 DKOS라고 했다. DKOS는 그림 9-7과 같이 아주 다양한 클라우드 API와 내부 서비스를 아우르는 형태로 개발됐고, DKOS 자체는 컨테이너 오케스트레이션과 컨테이너 스케줄링 그리고 머신러닝^{machine learning}을 위한 플랫폼을 제공했다.

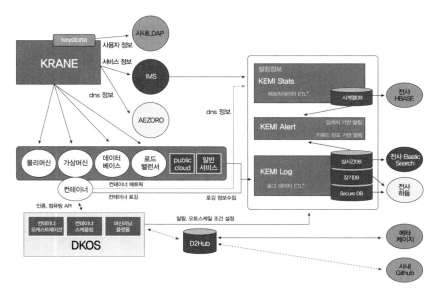

그림 9-7 DKOS와 전체 클라우드 연결도

DKOS는 D2Hub라는 도커레지스트리도 제공했는데, 이것 역시 사내에서 제공하는 메타 케이지라는 오브젝트 스토리지와 사내 GitHub를 적극 활용해 개발됐다. 사용자는 컨테이너 오케스트레이터만 사용할 수 있을 정도의 지식만 있으면 됐기 때문에 아주 편리하게 컨테이너를 사용할 수 있게 됐고, 우리는 보이지는 않지만 필요한 기능을 계속 API에 추가할 수 있게 됐다. 그리고 컨테이너 오케스트레이터가 어느 정도의 자동복구 등을 지원해줬기 때문에 개발자 사이에서는 '저녁이 있는 삶을 위한 선택'이란 단어가 만들어질 정도로 인기가 높아졌다. 그림 9-8은 클라우드 도입 효과를 정리한 그림이다.

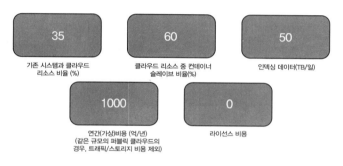

그림 9-8 클라우드 적용 효과(출처: 2018 if 카카오 컨퍼런스)

❶ 전체 물리 서버 대비 가상 인스턴스의 비율이다. 작년 12월 기준으로 40% 이상이 가상 인스턴스로 구성돼 있다. 클라우드는 물리 리소스도 API로 조절해야 되기 때문에 가상 인스턴스와 물리 리소스의 비용 자체는 큰 의미가 없지만, 내부적으론 상당수의 리소스가 가상머신을 기반으로 하고 있는 것을 알 수 있다. 팀의 목표는 모든 리소스가 API로 조절되는 것이다.

❷ 가상 인스턴스 중에 컨테이너용으로 사용되는 숫자의 비율이다. 클라우드용 컴퓨팅 리소스 중에 60% 이상이 이미 컨테이너용으로 사용되고 있다. 즉 클라우드에서는 컨테이너 오케스트레이터로 서비스를 만들고 배포하는 것이 더 편리한 방법이라는 것을 이 숫자가 말해준다.

❸ 텔레메트리 클라우드에서 일단 인덱싱되는 데이터의 양이다. 수년 전 모 통신자

LTE 1일 로그 양이 6TB 정도였던 것을 생각해보면 일처리량 50TB는 규모나 난이도 면에서 아주 도적적인 숫자다.

❹ 사용하고 있는 인스턴스를 메모리 크기를 기준으로 했을 때 퍼블릭 클라우드를 사용했다면 나왔을 금액을 표시했다. 한국 돈으로 약 1000억 원 정도의 규모를 현재 운영 중이다. 이 값은 인스턴스 비용 자체만을 생각했을 때인데 네트워크, 스토리지, 모니터링 등의 비용을 전체적으로 고려한다면 이보다는 3배 정도 많은 약 3000억 원 정도의 비용이 나왔을 것이다.

❺ 모든 것을 오픈 소스와 내부 코드로 만들었기 때문에 이 클라우드의 라이선스 비용은 0원이다.

컨테이너로의 전환은 말처럼 쉽지는 않다. CNCF에서 제공하는 가이드를 보면 애플리케이션이 컨테이너 오케스트레이터를 잘 활용하는 '클라우드 네이티브'향으로 만들어지려면 다음과 같은 5가지 관점으로 개발해야 한다고 설명한다.

- **마이크로서비스화**: 각 애플리케이션은 컨테이너화돼 있어야 한다.
- **건강 상태 보고**health reporting: 컨테이너 오케스트레이터가 마이크로서비스의 상태를 확인할 수 있는 방법을 제공해야 한다. 대개의 경우 마이크로서비스의 특정 URI에 접근하면 마이크로서비스 자체의 상태를 확인할 수 있는 형태로 제공한다.
- **텔레메트리 데이터**: 상태보고 값 외에 데이터(메트릭/로깅/앱사용 현황 등)를 원격에서 가져올 수 있도록 텔레메트리 방식을 적용해야 한다.
- **복원성**: 장애가 났을 경우 오케스트레이터에 의해 복구가 가능할 수 있도록 제품 간의 변화사항을 그때마다 확인하는 형태로 소프트웨어가 개발돼야 한다.
- **선언적**: 오케스트레이터나 사용자에 의해 리소스 규격(컨테이너의 개수나 CPU 개수 등)이 정해지면, 이것에 따라 정확하게 동작할 수 있도록 원자성을 갖추도록 해야 한다.

위의 조건은 제품의 설계 시에 기능과 성능뿐만 아니라 유지보수까지 고려해야 한다는 의미다. 그래서 컨테이너 오케스트레이터를 사용하기 전에는 고려하지 않았던 운영 부분까지 설계하면서 제품을 만들어야 하기 때문에 컨테이너로 전환하기가 어려운 것이다. 새로운 제품을 개발할 경우에는 컨테이너 오케스트레이터를 적극 검토해서 적용하는 것이 늘었지만, 기존의 제품에 적용하는 것은 좀 더디게 진행됐다. 하지만 몇몇 기존 제품이 유지보수성까지 고려해서 제품 코드를 새로 만들고 컨테이너화하는 것을 보고 이렇게 할 경우 유지보수성이 올라가서 결국 자신의 일들이 편해진다는 것이 개발자 사이에서 알려지면서 점점 더 많은 곳에서 컨테이너를 적극 도입했다.

9.3 컨테이너 서비스로 보는 ITIL

컨테이너 서비스 자체는 그림 9-7과 같이 IaaS, TaaS를 기반으로 만들어졌고 개발 진행하는 방식 역시 7장과 8장에서 설명한 ITIL을 기반으로 하는 DevOps 형태로 진행되고 있다. 컨테이너 서비스는 지속적인 통합과 지속적인 배치를 아주 편리하게 만들어 줬기 때문에 개발과 각 컴포넌트 API를 통한 서비스의 지속적인 유지 보수라는 개념을 보다 쉽게 만들었다. 오케스트레이터를 사용한 ITIL 개념의 실현과 관련된 자세한 내용은 2장을 참고 하면 된다. 8장에서 TaaS만으로는 부족했던 클라우드를 활용한 ITIL 기반의 개발 문화를 다른 조직에서도 좀더 쉽게 달성할 수 있게 됐다.

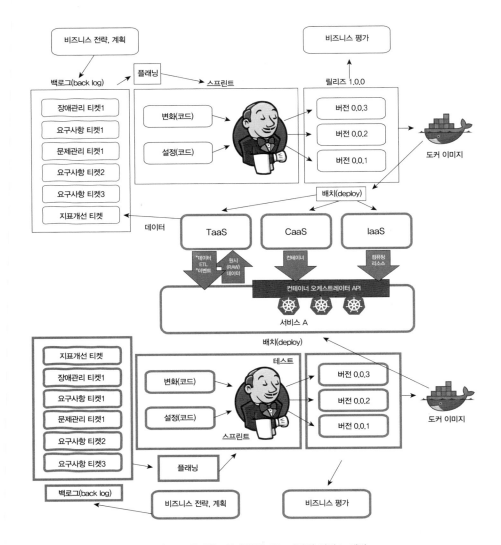

그림 9-9 클라우드를 활용한 ITIL 기반의 서비스 개발

클라우드와 오케스트레이터 사용에 익숙해지면, 그림 9-10과 같이 이종 클라우드에서의 사용도 큰 어려움이 없다. 사용자 입장에서는 오케스트레이터와 텔레메트리 표준만 맞으면 자신의 서비스가 어디서 돌아가던지 큰 불편함이 없게 된다.

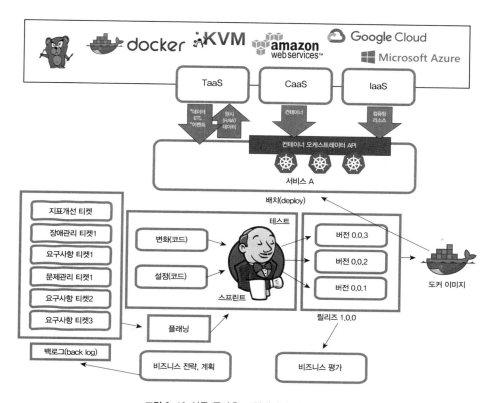

그림 9-10 이종 클라우드 위에서의 서비스 개발

클라우드 리소스를 이 정도로 사용할 수 있게 되면, 이제 클라우드 선택에 있어서 가장 중요한 항목은 사용자가 만들 서비스 그림 9-10에서의 '서비스 A'에 필요한 성능을 맞추는 데 어느 정도의 비용이 들까? 정도만 고민하면 된다. 그 결정에 따라서 리소스를 특정 클라우드에 만드는 것을 선택하고, 해당 리소스가 생성·삭제되면 컨테이너 CMDB에 반영하도록 한다.

그 특정 클라우드에 컨테이너 오케스트레이터를 설치하고 (역시 CMDB에 자동으로 업데이트되도록 해야 한다), 마지막으로 텔레메트리의 데이터 포맷을 맞춰주면 서비스 개발자는 어떤 클라우드에서든지 구분하지 않고 기존에 자신이 사용하던 ITIL/DevOps에 변화 없이 지속적인 개발을 할 수 있다.

9.4 정리하기

컨테이너 서비스는 리소스 매니징 분야에 있어서 많은 변화를 가져왔다. IT 서비스의 개발 · 배치 · 운영 등을 아주 편하게 할 수 있어서, 신규로 만드는 내부 · 외부 서비스는 대부분 컨테이너를 사용하는 것으로 개발됐다.

대부분의 조직과 회사에서는 컨테이너 도입을 최선의 과제 또는 최후의 숙제로 생각하지만, 이미 클라우드와 컨테이너를 잘 사용하고 있는 조직에서는 그 다음 고민을 하고 있다. 프라이빗 클라우드는 관리성과 보안성은 아주 높은 대신 사용할만한 API나 서비스를 지속적으로 많이 만드는 데는 한계가 있다.

반대로 퍼블릭 클라우드의 관리성/보안성은 프라이빗 클라우드보다 높지 않지만 다양한 기능이 빠르게 개발된다. 프라이빗 클라우드와 퍼블릭 클라우드가 가지는 이런 서로 다른 특징 때문에 클라우드 발전에 있어서 CMMI는 하이브리드 클라우드 즉 퍼블릭을 프라이빗 클라우드와 연결해서 사용하는 방법이 차차 도입될 것이다(3부 도입부에서도 설명했다). 효율적인 연결을 위해서는 내 · 외부 클라우드의 API 연결성들이 아주 중요해질 것이다. 즉 인증을 어떻게 부드럽게 연결하느냐가 관건이 될 것이고, 이 이슈가 해결되면 그 다음은 역시 자동화를 통한 통합환경이 제공될 것이다.

찾아보기

클라우드 전환 그 실제 이야기

지속 가능한 클라우드

초판 인쇄 | 2020년 3월 31일
2쇄 발행 | 2021년 11월 2일

지은이 | 공 용 준

펴낸이 | 권 성 준
편집장 | 황 영 주
편　집 | 이 지 은
디자인 | 윤 서 빈

에이콘출판주식회사
서울특별시 양천구 국회대로 287 (목동)
전화 02-2653-7600, 팩스 02-2653-0433
www.acornpub.co.kr / editor@acornpub.co.kr

책값은 뒤표지에 있습니다.